LOOKING GOOD NAKED

Mark Maslow

LOOKING GOOD NAKED

SCHLANK, DEFINIERT & SEXY – MIT HANTELTRAINING UND BLITZREZEPTEN

südwest

INHALT

Nackt gut aussehen? ... 6

DIE M.A.R.K.-FORMEL ... 9
Die Grundprinzipien der M.A.R.K.-Formel ... 10
Das 1. Element: Mentales Training ... 11
Das 2. Element: Ausgewogene Ernährung ... 12
Das 3. Element: Richtiges Krafttraining ... 12
Das 4. Element: Kardiotraining ... 13
Mit der M.A.R.K.-Formel vom Wissen zum Tun – so klappt es ... 14

MENTALES TRAINING – VERÄNDERUNG BEGINNT IM KOPF ... 18
Wir sind, was wir denken ... 20
Geheimwaffe Mentaltraining ... 20
Mit der Sieben-Schritte-Methode erfolgreich zum Ziel ... 24
So setzt du dir Ziele – und erreichst sie ... 28
Mentale Stärke entwickeln und nutzen ... 35
Erfolgsfaktor soziales Umfeld ... 38
Emotionales Essen ... 42

AUSGEWOGENE ERNÄHRUNG ... 50
Wichtige Ernährungsfakten ... 52
Das Ernährungstagebuch ... 52
Eiweiß: Der Schlankmacher ... 53
Die Wahrheit über Fett ... 57
Kohlenhydrate: Dickmacher oder Powerfood? ... 60
Die Sache mit den Kalorien … ... 64
Trink dich schlank ... 65
Selbst kochen, um nackt gut auszusehen ... 67

RICHTIGES KRAFTTRAINING 102

Die Grundlagen des Krafttrainings	104
Wie Krafttraining dich stark und schlank macht	104
So verfolgst du, wie dein Körper sich verändert	114
Das Trainingsgerät, das dein Zuhause in ein Fitnessstudio verwandelt	116
Dein Trainingsprogramm	118
Looking-Good-Naked-Onboarding: dein erster Trainingsmonat	120
Looking-Good-Naked-Krafttraining: Onboarding und Modul 1	121
Modul 2: 2er-Split-Training, 3- bis 5-mal pro Woche	124
Modul 3: 3er-Split-Training, 4- bis 6-mal pro Woche	126
Die Übungen	128

KARDIOTRAINING 161

Das ist Kardiotraining	162
Die Grundlagen des Kardiotrainings	163
Dein perfektes Kardiotraining: Eine Anleitung in drei Schritten	166
Der Turbogang im Kardiotraining	169
Kardio-Trainingspläne für Einsteiger und Fortgeschrittene	172

TROUBLE-SHOOTING – RÜCKSCHLÄGE NUTZEN 175

Sei ein Dranbleiber!	176
So entwickelst du das richtige Mindset	177
Wie kommt es zu einem Plateau?	178
Wie du jedes Plateau überwindest	182

Nachwort	187
Literatur und Quellen	190
Impressum	192

NACKT GUT AUSSEHEN?

Hast du auch schon mal vor dem Spiegel gestanden, unzufrieden mit dir selbst? Hast du dich vielleicht gefragt: Was kann ich tun, um nackt besser auszusehen?

Wenn du Antworten auf diese Frage und Fitness-Insiderwissen suchst, das tatsächlich funktioniert, dann ist dieses Buch genau das richtige für dich. In den nächsten Kapiteln zeige ich dir, wie du dich ernähren und wie du trainieren kannst, um deinen Traumkörper zu formen. Außerdem verrate ich dir, welche der unzähligen Tipps, die man überall findet, tatsächlich etwas bringen. Und weil etwas zu wissen noch lange nicht bedeutet, dass man es auch umsetzt, lege ich besonders großen Wert darauf, Theorie und Praxis zu verbinden. Denn das, was wir über das Abnehmen durch Sport und Ernährung wissen, ist das eine. Etwas ganz anderes aber ist es, was wir dann tatsächlich **tun,** um unseren Körper zu verändern.

Mein Anliegen – in meinem Beruf als Coach und Trainer ebenso wie mit diesem Buch – ist es, Menschen dabei zu helfen, nackt gut auszusehen und auf dem Weg dahin eine Menge Spaß zu haben. Ich habe dieses Buch geschrieben, weil ich ein Faible für Psychologie, Ernährung und Fitness habe, vor allem aber für Menschen, die etwas in ihrem Leben ändern wollen. Als studierter Maschinenbau-Ingenieur interessieren mich Fakten und Naturgesetze. Als Sportler und Coach liegt mir die praktische Umsetzung, die Motivation von Menschen am Herzen. Auf der Basis wissenschaftlicher Artikel und Bücher sowie durch meine eigenen Erfahrungen habe ich praktische Tipps und effektive Übungen entwickelt, von denen du profitieren kannst.

Gehörst du auch zu den Menschen, die Job, Partnerschaft, Freunde und vielleicht noch das Familienleben unter einen Hut bekommen müssen? Dann kennst du das Phänomen nur zu gut: Es bleibt meist zu wenig Zeit für sich selbst und für den eigenen Körper. Dieses Buch liefert dir das nötige Know-how sowie alltagstaugliche Ideen und Anleitungen, mit denen du auch neben allen anderen Verpflichtungen deine Traumfigur erreichen und behalten kannst.

Bleib dran!

Dein Mark

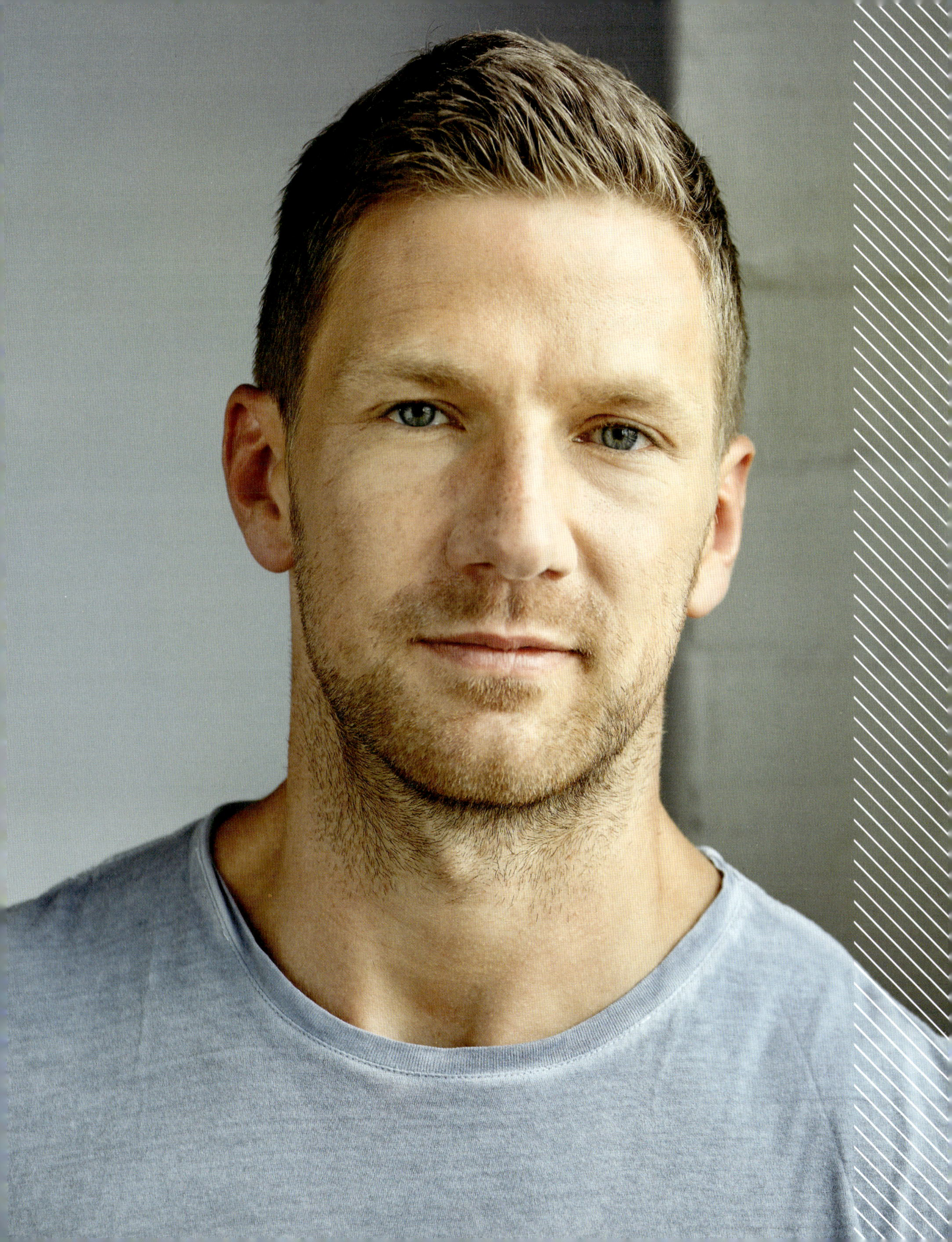

M.A.R.K.

1

→

DIE M.A.R.K.-FORMEL

Du hast Lust, dich neu zu erfinden, deinen Körper zu entwickeln und dich dabei rundum wohlzufühlen? Das kannst du schaffen! Meine Fitnessformel wird dich dabei unterstützen. Lerne die vier Elemente kennen, mit denen du ans Ziel kommst.

DIE GRUNDPRINZIPIEN DER M.A.R.K-FORMEL

Willkommen an Bord! Lass uns gleich loslegen, wo immer du gerade bist: Zehn Kilo Übergewicht? Fünf Kilo Untergewicht? Es spielt keine Rolle, **wo** du startest. Wichtig ist, **wohin** du willst. Auf Grundlage meiner eigenen Erfahrungen habe ich eine simple und effektive Fitnessformel entwickelt: Die M.A.R.K.-Formel (Namensgleichheiten zu real existierenden Personen bestehen rein zufällig). Diese Formel basiert auf den folgenden vier Elementen:

1. **M.**entales Training
2. **A.**usgewogene Ernährung
3. **R.**ichtiges Krafttraining
4. **K.**ardiotraining

Ich stelle dir jedes dieser vier Elemente zunächst kurz vor, bevor wir in den folgenden Kapiteln ins Detail gehen. Um deine Wunschfigur zu erreichen, brauchst du alle vier Elemente. Wenn du sie kennst und umsetzt, kannst du dein ganzes Potenzial ausschöpfen – und deine Träume können Wirklichkeit werden.

DAS 1. ELEMENT: MENTALES TRAINING

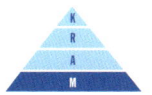

Die richtige mentale Einstellung und Motivation bilden die Grundlage für deinen Erfolg. Dazu gehört, dass du dir Ziele setzt, die dich begeistern. In diesem Buch lernst du, dich gedanklich so zu programmieren, dass du dein Handeln unbewusst auf dein Ziel ausrichtest. Ich habe mich lange gefragt, warum so viele Menschen eine Diät oder ein Trainingsprogramm beginnen und dann nicht dranbleiben. Warum wissen die meisten Menschen, was ihnen guttäte – und handeln trotzdem nicht entsprechend? Die Ursache liegt im Denken: Vielen ist gar nicht bewusst, dass die Art, wie sie denken, sie daran hindert, erfolgreich zu sein. Darum setze ich das mentale Training an die erste Stelle. Es ist der Grundpfeiler der M.A.R.K.-Formel. Nur wenn du akzeptierst, dass du nicht nur deinen Körper, sondern vor allem erst einmal dein Denken trainierst, wirst du langfristig erfolgreich sein.

Seltsamerweise übersehen gerade intelligente Menschen häufig, wie wichtig das mentale Element ist. Es mag rein logisch betrachtet Sinn ergeben, dass mehr Wissen über die richtige Ernährung und das richtige Training die Schlüssel zur Wunschfigur sind. Aber dahinter verbirgt sich eine psychische Falle. Denn auch wenn es paradox erscheint, der eigentliche Schlüssel befindet sich zwischen deinen Ohren.

Körperliche Veränderung beginnt in deinem Denken.

Nimm dir einen Moment Zeit und denk an die vergangenen Monate. Vielleicht hattest du sogar eine konkrete Idee davon, wie du trainieren und was du essen solltest, hast es aber aus irgendeinem Grund nicht getan? Dann ist es eine gute Idee, wenn du dem mentalen Training ab sofort mehr Beachtung schenkst. Im ersten Schritt willst du Eigenverantwortung übernehmen, und zwar zu 100 Prozent. Zu viele Menschen geben anderen die Schuld für ihre Situation – der Regierung, dem Wetter, der globalen Erderwärmung, der Wirtschaft, ihren Eltern …

Erwarte nicht, dass dir die Lösungen für deine Themen auf einem Silbertablett präsentiert werden. Niemand schuldet dir das. Du selbst trägst die Verantwortung dafür, das Beste aus deinem Leben zu machen. Selbst Rückschläge sind Chancen, weiter zu lernen und zu wachsen. Letztendlich wirst du erfolgreich sein, wenn du am Ball bleibst. Freu dich auf die Herausforderung und hab Spaß an der Veränderung!

DAS 2. ELEMENT: AUSGEWOGENE ERNÄHRUNG

Du bist, was du isst. Ich weiß, das klingt banal. Dennoch unterschätzen viele Menschen, die fit aussehen wollen, ihre Ernährung völlig. Wenn deine Ernährung nicht stimmt, wird dich kein Training der Welt an dein Ziel bringen. Ein schöner Körper wird wesentlich durch das bestimmt, was du isst. In der Ernährung sitzt körperlich gesehen auch der größte Hebel, wenn du deinen Traumkörper erschaffen willst. Wenn du dich falsch ernährst, kannst du sämtliche Fortschritte schnell zunichtemachen. Ernährung ist also entscheidend wichtig.

Das heißt nicht, dass ab sofort nur noch Salat und Wasser auf deiner Speisekarte stehen. Was ich meine, sind kleine, aber wohlkalkulierte Änderungen in deinen Essgewohnheiten, die einen langfristigen Effekt haben. Die Kalorienmenge, die du täglich zu dir nimmst, beeinflusst deine Fitness – du nimmst ab, wenn du mehr Kalorien verbrauchst, als du zu dir nimmst.

Die Qualität des Essens – also **woraus** sich die Kalorien zusammensetzen, die du aufnimmst – ist dabei mindestens genauso wichtig wie die Kalorienmenge an sich. Fertigprodukte, Zucker, künstliche und hoch verarbeitete Kohlenhydrate sind Feinde deines Traumkörpers. Protein, gute Kohlenhydrate und wertvolle Fette sind Freunde.

DAS 3. ELEMENT: „RICHTIGES" KRAFTTRAINING

Leider scheitern viele Vorhaben zum Abnehmen, obwohl die Ernährung stimmt. Warum? Im Energiedefizit nutzt dein Körper die Reserven, die er am ehesten entbehren kann. Wenn du das **richtige** Krafttraining – gemeint ist das Krafttraining mit schweren Gewichten – vernachlässigst, baust du nicht nur Fett, sondern auch kostbare Muskulatur ab. Muskeln verbrauchen viel Energie, 24 Stunden am Tag, sieben Tage die Woche. Durch richtiges Krafttraining produziert dein Körper Hormone, die dich schlank, fit, glücklich und selbstbewusst machen. Starke Muskeln helfen dir also nicht nur dabei, schlank zu werden, sondern auch dabei, deine Traumfigur ein Leben lang zu halten. Egal, ob du gerade erst einsteigst oder schon Erfahrung mit Krafttraining hast: Wenn du nackt gut aussehen willst, ist Muskeltraining das wichtigste Trainingselement. Die „Ich mache ein paar Bizepscurls, walke dann etwas auf dem Laufband und telefoniere dabei noch ein bisschen"-Nummer funktioniert nicht. Wenn du trainierst, dann fokussiere dich auf dein

Ziel und zieh dein Programm durch. Du beendest dein Training dann mit dem guten Gefühl, deinem Körper die volle Aufmerksamkeit gewidmet zu haben. Deine Sportklamotten dürfen schweißgetränkt sein, weil du alles gegeben hast.

Setze dir ein klares Ziel, male dir davon im Geiste ein großes, farbiges 3-D-Bild. Stell dir deinen Traumkörper immer wieder vor, als besäßest du ihn schon. Und genieße das Gefühl der **Gewissheit,** dass du dein Ziel erreichen wirst. Dann arbeitest du täglich dafür, Stück für Stück näher an dein Ziel zu kommen. Ich zweifle absolut nicht daran, dass du dein Ziel erreichen wirst, wenn du bereit bist, 100 Prozent zu geben.

> Sei bereit, für deinen Erfolg das zu tun, was notwendig ist.

Wenn du mit Freunden trainierst oder dich online mit ihnen austauschst: Hilf ihnen, wenn sie frustriert sind. Motiviere sie, wenn sie müde sind, und tritt ihnen in den Hintern, wenn sie es nötig haben. Sie werden eines Tages das Gleiche für dich tun, wenn du es brauchen solltest. Lass uns gemeinsam die Welt jeden Tag ein kleines bisschen fitter machen.

DAS 4. ELEMENT: KARDIOTRAINING

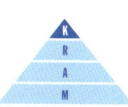

Ausdauertraining ist dein Booster, wenn du Fett abbauen willst. Es ergänzt die übrigen drei Elemente und bildet die Spitze der Pyramide. Ein gutes Ernährungsprogramm kann deinen Fettabbau in Gang bringen und sorgt dafür, dass du dich gesünder fühlst. Aber fitter wirst du nur dann, wenn du dich auch bewegst. Also: du darfst dich bewegen – ob im Alltag oder durch gezieltes Ausdauertraining. Dieses Buch hilft dir, intelligent und mit klarer Zielsetzung zu trainieren. Kardiotraining sorgt dafür, dass du Endorphine ausschüttest. Dein Körper verwandelt sich schrittweise in eine ausdauernde Fettverbrennungsmaschine, wenn du das Kardiotraining strategisch mit den anderen beiden Elementen – Ernährung und Krafttraining – kombinierst.

Wenn du Körperfett abbauen willst, bringt Kardiotraining einen weiteren Vorteil mit sich: Du kannst deine Energieaufnahme durch Einschränkungen beim Essen nur bis zu einem gewissen Grad senken, ohne in ein ungünstiges hormonelles Milieu abzurutschen. Durch ein Mehr an Bewegung kannst du jedoch bis zu einer gewissen Grenze bequem ein Kaloriendefizit herstellen, ohne deine Ernährung zu sehr einschränken zu müssen. Richtig angewandt, beschleunigt Kardiotraining den Fettabbau. Ein aktiver Lebensstil ist das Geheimnis derjenigen Menschen, die „einfach so" ein Leben lang schlank bleiben. Dazu musst du keinen Marathon laufen – es gibt viele Möglichkeiten, für mehr Bewegung zu sorgen: Angefangen vom HIIT-Training über strategisches mittleres Kardiotraining und entspanntes Spazierengehen bis hin zum Spielen mit Kindern oder Freunden. Wenn du eine Möglichkeit findest, die dir Spaß macht und permanent Bewegung in deinen Alltag bringt, dann hast du gewonnen – ohne, dass es sich nach Arbeit anfühlt.

Wenn ich als Fitnesscoach Menschen auf ihrem Weg unterstütze, dann gibt es ein Motto, für das wir uns gegenseitig in die Pflicht nehmen. Ich möchte es mit dir teilen:

Suche keine Ausreden. Suche Lösungen.
Entscheide, was du erreichen willst. Und tu etwas dafür!

MIT DER M.A.R.K.-FORMEL VOM WISSEN ZUM TUN – SO KLAPPT ES

Vielleicht hast du schon mehrfach Anlauf genommen, wolltest dich verändern, aber es hat nicht geklappt? Dann ist es wichtig herauszufinden, was dich deinem Ziel in der Vergangenheit nicht unbedingt näherbrachte. Ich möchte dir dabei helfen, dass du eine Lösung findest, die sich gut für dich anfühlt und zum Erfolg führt.

Die M.A.R.K.-Formel liefert genau das – langfristige Lösungen: Veränderungen, die du für den Rest deines Lebens beibehalten kannst. Die Beharrlichkeit, allmählich eine Gewohnheit nach der anderen zu ändern, wird dich auf lange Sicht erfolgreicher voranbringen als vermeintliche Abkürzungen. Mit kleinen Veränderungen auf täglicher Basis kannst du langfristig unglaublich viel erschaffen – wenn du dranbleibst.

Lerne, das Neue zu lieben.

Falls deine Freunde und geliebte Mitmenschen dir auf deiner Mission nicht folgen wollen, lass dich dennoch nicht von deinem Vorhaben abbringen. Das mag zunächst schwierig erscheinen, aber genau dieser Schritt pusht dich in ein neues Leben. Vielleicht bist du in deinem Umfeld zuerst ein Einzelkämpfer.

Sei ein Dranbleiber!

Umfragen bringen es auf den Punkt:[1] Die meisten Menschen scheitern an ihren guten Vorsätzen, weil sie „den inneren Schweinehund nicht besiegen" konnten (64 Prozent) oder den Aufwand scheuten (32 Prozent). Dagegen sind nur vier Prozent der Befragten der Meinung, sie müssten noch mehr wissen, um ihre Vorsätze erfolgreich umzusetzen. Kein Wunder, denn die meisten Fitnessratgeber vermitteln reichlich Wissen zum Training. Doch zu wissen, was zu tun ist, und das zu tun, was du weißt, das sind zwei unterschiedliche Paar Schuhe. **Dranbleiben** schließt diese Lücke. Die folgenden fünf Schritte helfen dir dabei.

Schritt 1: Finde ein Ziel, das dich begeistert. Bevor du nur ein Gewicht anfasst, zum Laufen gehst oder planst, was du am nächsten Tag essen willst, musst du diesen ersten Schritt tun. Danach folgen die richtige Ernährung und das richtige Training ganz natürlich. Und bald wird dein Köper schlanker, stärker und definierter sein. Wenn du diesen Schritt überspringst – was die meisten Menschen leider tun – wirst du wahrscheinlich scheitern. Also: Setze dir ein Ziel, das dich wirklich begeistert.

Schritt 2: Erkenne deine unsichtbaren Skripte. Vielleicht kennst du die Situation: Während du nach Hause fährst, bist du gedanklich ganz woanders. Als du ankommst, fällt dir auf, dass du dich an Details der Fahrt gar nicht mehr erinnern kannst. Der Grund: Was du regelmäßig denkst oder tust, wird zur Gewohnheit. Einige Gewohnheiten sind so tief in deinem Unterbewusstsein verankert, dass du sie gar nicht mehr bewusst wahrnimmst. Sie sind zu unsichtbaren Skripten geworden. Während einige dieser Skripte dir dabei helfen, deine Ziele zu erreichen, bremsen andere dich aus. Wenn du lernst, deine unsichtbaren Skripte aufzudecken und die hemmenden durch neue, motivierende Gewohnheiten zu ersetzen, programmierst du dich auf Erfolg.

Schritt 3: Übernimm die Kontrolle über dein Denken. Was passiert, wenn etwas passiert? Du fängst an zu denken, oder? Und wenn etwas Schlechtes passiert, dann kommen auch negative Gedanken, richtig? Dieser Prozess läuft unterbewusst ab. Die gute Nachricht: Wenn du deine unsichtbaren Skripte kennst, kannst du immer leichter die Kontrolle über deine Gedanken übernehmen. Du ersetzt destruktive Gedanken durch neue, konstruktive Denkmuster, die dich nach vorn bringen. Anregungen dafür findest du im nächsten Kapitel (ab Seite 20).

Schritt 4: Suche dir Verbündete. Kein Mensch, der etwas Bedeutsames erreicht hat, hat diesen Weg völlig allein bestritten. Denk an die fünf Menschen, mit denen du die meiste Zeit verbringst: Unterstützen dich diese Menschen auf dem Weg zu deinem Ziel? Falls nein, stellt sich eine weitere Frage: Wer ist es dann, der dich unterstützt?

Schritt 5: Finde Mentoren. Warum fällt es vielen Menschen so schwer, einen Mentor zu finden? Ich glaube, dass sie den Begriff zu eng fassen. Sie suchen nach jemandem, der sie im Einzelgespräch unterstützt, etwa einem persönlichen Fitnesscoach. Doch es gibt viele Menschen, die dich motivieren können: in Blogs und Podcasts, in Büchern, Kursen, Clubs, im Freundes- und Bekanntenkreis … Auch Portale und Sites im Internet bringen dich weiter. Meine Website ist auch eine mögliche Quelle für Inspiration und Anregungen.

15 Dinge, die selbstbewusste Dranbleiber nicht tun

Die folgenden 15 Aussagen sind unsichtbare Leitlinien, an denen ich mein Handeln ausrichte und die ich im Coaching vermittle. Sie helfen dir dabei, einige Fallen zu umgehen und deine Ziele mit mehr Leichtigkeit zu erreichen – und das nicht nur im Training.

1. Sie verstecken sich nicht hinter Ausreden.
2. Sie gehen ihren Ängsten nicht aus dem Weg.
3. Sie leben nicht in einer schillernden Seifenblase.
4. Sie verschieben die Dinge nicht auf die nächste Woche.
5. Sie machen sich nicht abhängig von der Meinung anderer Leute.
6. Sie bewerten andere Menschen nicht.
7. Sie lassen sich nicht aufhalten, weil irgendetwas fehlt oder gerade nicht ganz passt.
8. Sie vergleichen sich nicht mit anderen.
9. Anderen zu gefallen, ist ihnen nicht wichtig.
10. Sie suchen nicht ständig nach Bestätigung von außen.
11. Sie gehen Unangenehmem nicht aus dem Weg.
12. Sie geben nicht auf, wenn etwas nicht gleich funktioniert.
13. Sie brauchen keine Erlaubnis von anderen, um zu handeln.
14. Sie schränken ihre Wahlmöglichkeiten nicht ein.
15. Sie akzeptieren nicht blind, was ihnen als „Wahrheit" verkauft wird.

Du darfst kreativ werden!

Du kannst Gewohnheiten ändern und optimieren. Aber versuche das am besten nicht auf Kosten der Dinge, die du liebst und die dir wichtig sind. Wenn du ein Familienmensch bist, wird die Zeit gemeinsam mit deinem Kind wichtiger als der Besuch im Fitnessstudio sein. Wenn du gern Filme anschaust, tu das weiterhin. Und wenn du gerade am liebsten an deiner Karriere arbeitest, darf sie weiterhin deine Priorität bleiben. Dein Training und deine Ernährung können Teil deiner Person werden, ohne auf Kosten deiner Persönlichkeit zu gehen. Wir alle tun Dinge in unserem Leben, die wir lieben, die uns wichtig sind und die uns zu dem Menschen machen, der wir sind. Solange diese Dinge deine Gesundheit nicht beeinträchtigen, mach weiter damit.

Wir beide kennen auch die Ausrede: „Keine Zeit zum Trainieren". Und wir beide wissen: Wer das sagt, macht sich etwas vor oder ist einfach zu faul, um etwas zu ändern. Es gibt immer eine Möglichkeit, Zeit für ein 20-minütiges Workout freizuschaufeln. Sei es an Bord eines Flugzeuges, beim Zähneputzen morgens im Bad oder während der Mittagspause. Dafür musst du nicht die anderen wichtigen Dinge in deinem Leben vernachlässigen.

Hinterfrage alles!

Nur weil manch sogenannte Ernährungsexperten sagen, Fett sei ungesund, heißt es nicht, dass das die Wahrheit ist. Nur weil ein bekanntes Wochenblatt schreibt, Kohlenhydrate seien schädlich, muss das nicht stimmen. Und nur, weil du irgendetwas in diesem Buch hier liest, muss auch das nicht der Weisheit letzter Schluss sein! Ich kann dir aber immerhin die Garantie geben, dass ich in diesem Buch nur das empfehle, was ich selbst getestet habe. Ich weiß, dass ich kein Universal-Experte für alles bin, dass ich Fehler mache – und ich weiß, dass die Welt sich weiterdreht, also das, was ich hier schreibe, in einigen Monaten oder Jahren überholt sein kann. Ich bin sicher, dass es in Zukunft neue Erkenntnisse geben wird und ich bestimmte Dinge später vielleicht auch aus einem anderen Blickwinkel betrachten werde. Was ich dir verspreche, ist: Dieses Buch hilft dir, Grenzen in deinem Kopf niederzureißen, damit du wieder anfängst zu träumen. Dinge für möglich hältst, von denen du geglaubt hast, sie seien unmöglich. Ich möchte dir eine Welt zeigen, von deren Existenz du bisher vielleicht nicht einmal geahnt hast. Etwa so wie Neo in der Trilogie „Matrix" eine völlig neue Welt eröffnet wird. Nimm das Gelernte mit, hinterfrage es und finde deinen eigenen, individuellen Weg, es für dich umzusetzen. Die Verantwortung liegt bei dir.

2

MENTALES TRAINING – VERÄNDERUNG BEGINNT IM KOPF

Ein kreatives oder berufliches Ziel erreichen, gesund und fit sein, nackt besser aussehen ... Wohin auch immer du willst – der Erfolg beginnt im Kopf! Setze dir ein konkretes Ziel und programmiere dich selbst darauf. Wie das funktioniert, liest du auf den folgenden Seiten.

WIR SIND, WAS WIR DENKEN

Die meisten meiner Klienten wünschen sich von mir Ernährungs- und Fitnesstipps. Die Frage „Was soll ich **denken?**" wird mir als Fitnesscoach im Grunde nie gestellt, obwohl ich sie für absolut elementar halte. Sie trifft den Kern der M.A.R.K.-Formel. Denn aus eigener Erfahrung weiß ich, dass die meisten Menschen weder an der Ernährung noch am Training scheitern – sondern an ihren (oft unbewussten) Gedanken. Deshalb bildet das Mentaltraining auch das Fundament meiner Arbeit. Lass uns in diesem Teil des Buches gemeinsam tief in eine mysteriöse Welt eintauchen – die Welt deines Unterbewusstseins. Denn hier liegt vielleicht der größte Teil deines Potenzials verborgen.

Lass uns eine Zeitreise ins Jahr 1967 machen. Wir besuchen Dr. Charles Garfield, der damals gerade einen Job als Mathematiker im Apollo-11-Raumfahrtprojekt annimmt. Damit ist er plötzlich von Menschen umgeben, die auf ihrem Gebiet zu den Besten der Welt gehören. Und er stellt fest, dass es Fähigkeiten gibt, die alle diese Personen teilen – unabhängig von ihrem jeweiligen Fachgebiet. Für ihn ist das der Anfang einer langen Reise, auf der er das Verhalten der erfolgreichsten Athleten und Unternehmer der Welt analysiert. 17 Jahre und über 500 Interviews später hat Garfield ein exaktes Bild davon, was erfolgreiche Menschen anders als andere machen. Die Ergebnisse veröffentlicht er 1984 in einem bahnbrechenden Buch.[2]

GEHEIMWAFFE MENTALTRAINING

Bei der Sommer-Olympiade 1976 dominierten die russischen und ostdeutschen Sportler die Wettkämpfe so ausnahmslos, dass die anderen Nationen sie des Dopings bezichtigten. Aber noch im gleichen Jahr wurde publik, dass die Trainingsroutine der Ostblock-Athleten ein völlig neues Element beinhaltete: mentales Training! Es dauerte nicht lange, bis auch westliche Psychologen und Coaches die „Geheimwaffe der Sowjets" untersuchten und begannen, mit mentalen Trainingsmethoden zu experimentieren. Die Forscher stellten schnell fest, dass viele Körperfunktionen durch Gedanken beeinflussbar sind. Unsere Gedanken haben Einfluss auf: unsere Durchblutung, die Aufnahme von Nährstoffen, die Sauerstoffversorgung und sogar auf unseren Hormonstoffwechsel. Ein positiver mentaler Zustand vor einem Wettkampf kann daher das autonome Nervensystem direkt beeinflussen und die Leistungsfähigkeit anheben. Negative Emotionen wie Sorgen, Selbstzweifel und Ängste beeinträchtigen die Körperfunktionen hingegen: Sie senken die Leistungsfähigkeit. Interessanterweise berichteten alle Athleten, die mentales Training absolviert hatten, von einem mysteriösen Geisteszustand, den Mihaly Csikszentmihalyi viele Jahre später „Flow" nannte.

Und der Arzt Maxwell Maltz unterrichtete in den 1960er-Jahren Millionen von Menschen darin, die Macht ihres Unterbewusstseins zu nutzen, um ihr Verhalten zu ändern, Ziele zu verwirklichen, Selbstvertrauen zu gewinnen oder ein anderes Selbstbild zu entwickeln. In seinem Bestseller beschreibt er, dass das Unterbewusstsein in der Lage ist, hochkomplexe Bewegungsmuster bei hohem Leistungsdruck völlig fehlerfrei zu steuern.[3]

Unser Gehirn – das vollautomatische Zielsuchgerät

Hast du auch schon mal genau das Gegenteil von dem getan, was du dir eigentlich vorgenommen hattest? Und dich danach gefragt: „Verdammt, warum habe ich das gemacht?" Ich glaube, das kennen wir alle mehr oder weniger. Warum vertilgen einige Menschen einen ganzen Eimer Eiscreme, obwohl sie schlanker und gesünder werden wollen? Warum lassen sie das Workout ausfallen, wenn sie doch fitter und stärker werden möchten? Die meisten von uns ahnen nicht einmal, wie viele unserer Handlungen wir quasi auf Autopilot erledigen. Nach Schätzungen des Psychologen Professor John Bargh sind es 99 Prozent der Vorgänge in unserem Gehirn. Der bewusste Verstand ist nicht mehr als die Spitze eines riesengroßen Eisbergs! Selbst, wenn du vor einer Handlung ganz bewusst darüber nachdenkst, liegt der Auslöser für diese Überlegungen im Unterbewussten. Die Neuronen im Gehirn können innerhalb von Millisekunden feuern und auf Stimuli reagieren, die das Bewusstsein nicht erfassen kann. Klingt vielleicht überraschend. Aber es hat auch etwas Gutes: Denn genau das hilft Profisportlern, hochkomplexe Bewegungsmuster innerhalb von Sekundenbruchteilen mit absoluter Präzision auszuführen. Und diesen Mechanismus können wir positiv für uns nutzen! Maxwell Maltz entdeckte zwei erstaunliche Zusammenhänge: Das Unterbewusstsein arbeitet wie ein Zielsuchgerät, das niemals abgeschaltet werden kann. Und: Es arbeitet wie ein Computer, den wir (um)programmieren können. Wenn du beides kombinierst, so Maltz, nutzt du deinen Geist wie ein Führungssystem. Es übernimmt ein von dir definiertes Ziel und bringt dich automatisch dorthin. (Heute hätte er es vermutlich mit einem GPS-System verglichen.) Wenn das Ziel klar ist, erkennt dieses System, ob du deine Route verlassen hast. Dann führt es dich wieder auf Kurs. Jetzt stell dir vor, du sitzt am Steuer und fährst los, ohne vorher zu entscheiden, wo du überhaupt hinwillst. Was würde passieren? Vielleicht würdest du je nach Verkehrslage und Ampelschaltung einmal rechts und einmal links abbiegen, bis irgendwann der Tank leer ist oder du zufällig an einem Ort ankommst und dort Halt machst. Aber wer würde sich auch schon einfach ins Auto setzen und ziellos drauflosfahren? Paradoxerweise tun die meisten Menschen bei sehr vielen Vorhaben genau das: Weil sie kein klares Ziel haben, „fahren" sie einfach drauflos. Um deine Ziele tatsächlich zu erreichen, sind zunächst nur zwei Schritte nötig:

1. Du definierst dein Ziel.
2. Du programmierst dein Unterbewusstsein auf dieses Ziel.

Einige Psychologen sagen, dass unser Unterbewusstsein schon im Kindesalter programmiert wurde, und sie haben recht: Eltern, Lehrer, Freunde und Medien haben in uns alle möglichen Glaubenssätze festgelegt. Ich nenne sie unsichtbare Skripte, weil sie wie ein unterbewusstes Drehbuch für dein Verhalten funktionieren. Darunter befinden sich leider einige Skripte, die noch im Erwachsenenalter zum Hemmschuh werden! Aber die gute Nachricht ist: Du kannst dein Unterbewusstsein mit neuen Zielen programmieren und Skripte installieren, die deinen Lebensweg verändern – egal, wie alt du bist.

Gedanken verändern den Körper

Während wir einige Körperfunktionen, wie zum Beispiel unsere Atmung, bewusst kontrollieren können, müssen wir uns um andere keine Gedanken machen (Blutkreislauf, Hormone, Verdauung, Wundheilung, Zellteilung usw. …). Das ist auch gut so. Denn all das bewusst steuern zu müssen, würde uns wahrscheinlich in den Wahnsinn treiben. Nehmen wir ein anderes Beispiel, das Autofahren. Natürlich sollten wir immer aufmerksam fahren. Aber das Bedienen bzw. Steuern des Autos läuft fast völlig automatisiert und unbewusst ab. Wie ein „Autopilot"-Modus. Erinnerst du dich noch an deine erste Fahrstunde? Wie kompliziert das alles war? **Erst** kuppeln, **dann** schalten. Anfangs warst du völlig überfordert, weil es nahezu unmöglich war, alle diese Dinge bewusst und auch noch in der richtigen Reihenfolge durchzuführen. Tja, und heute fühlt es sich so selbstverständlich und leicht an – als wärst du schon immer Auto gefahren. Jetzt stell dir bitte mal vor, was wäre, wenn du dein Verhalten beim Essen und beim Training ganz genauso auf Autopilot schalten könntest. Ja, das ist tatsächlich möglich. Du kannst das lernen! Denn genau das ist die Aufgabe deines Unterbewusstseins: Es macht dir das Leben leicht, indem es Routineaufgaben übernimmt und deinem Bewusstsein damit den Rücken frei hält. Wenn du ein Verhalten oft genug wiederholst und übst, wird daraus eine unbewusste Gewohnheit. Damit wird vieles für dich einfacher, weil du deine Aufmerksamkeit und Energie nun auf andere, wichtigere Dinge lenken kannst.

Jedes Ziel beginnt mit einem Gefühl von „haben wollen".

Wenn du oft an eine Sache denkst, sie aufschreibst und dich immer wieder darauf fokussierst, dann signalisierst du deinem Gehirn: „Das hier ist wichtig!". Dann beginnt dein Gehirn, dich zu unterstützen und dich auf Lösungen in deinem Umfeld aufmerksam zu machen, die dir sonst entgangen wären. Auf einmal fällt dir alles auf, was relevant sein könnte, damit du dein Ziel erreichst. Dieser Aufmerksamkeitsmechanismus deines Gehirns ist unglaublich mächtig und wertvoll. Du bemerkst Dinge, die dir zuvor nie aufgefallen wären. Dinge, die dir helfen können. Wenn du dir jetzt ein Ziel setzt, veränderst du die Art und Weise, wie du deine Umwelt wahrnimmst. Dadurch ziehst du auch Dinge von außen in dein Leben, die dich weiter unterstützen. Und wenn ein Ziel dir wichtig ist, sucht dein Hirn auch unterbewusst in deinen Erinnerungen nach allem, was für dein Ziel bedeutsam sein kann. Dann hast du auf einmal Geistesblitze – geniale Einfälle, die dir helfen, Hindernisse zu überwinden. Dein Gehirn gibt allem, woran du regelmäßig denkst und was dich emotional berührt, die Bedeutung „Achtung, wichtig!". Dein Unterbewusstsein sucht dann nach Handlungsmöglichkeiten und triggert Verhaltensweisen, die dich näher zu den Dingen führen, an die du häufig denkst. Je häufiger du an etwas denkst, desto höher steigt es auf der Prioritätenliste deines Unterbewusstseins. Dadurch verändern sich zunächst dein Bewusstsein und dann deine Verhaltensweisen. Also: Sei sorgsam mit deinen Gedanken – sie könnten wahr werden …

Vorsicht vor negativen Gedanken!
Negative Gedanken, Glaubenssätze und Selbstgespräche sind echte Saboteure unseres Erfolgs. Sie zerstören im wahrsten Sinne des Wortes das, was wir eigentlich erreichen wollen. Wessen Gedanken also voll sind mit negativen Bildern, Tönen und Gefühlen, wer die meiste Zeit an Dinge denkt, die er **nicht** in seinem Leben haben will (Ängste, potenzielle Krankheiten, Probleme, Junkfood, Problemzonen …), kann die destruktiven Auswirkungen des Unterbewusstseins spüren. Auf sich, seine Gesundheit, seinen Körper, sein Leben und seinen Erfolg. Er programmiert sich selbst auf Misserfolg.

Wenn du dir einen E-Mail-Virus einfängst, dann ist es deinem Computer völlig egal, ob wichtige Daten gelöscht werden – er führt die Programmroutine einfach aus. So arbeitet auch dein Unterbewusstsein. Es unterscheidet nicht zwischen „gut" oder „schlecht". Es führt unparteiisch die „Programme" aus, mit denen du es fütterst! Negative Einstellungen und kontraproduktive Skripte funktionieren wie ein Gedankenvirus. Wenn du dein Gehirn mit Sätzen fütterst wie „Ich werde immer fett bleiben" oder „Das schaffe ich doch eh nie!", dann bewertet dein Unterbewusstsein das nicht. Es verstärkt einfach nur Verhaltensweisen, die tatsächlich genau dazu führen. Deshalb habe ich eine simple Sieben-Schritte-Formel entwickelt, die ich auch im Fitnesscoaching anwende. Dieses System funktioniert immer, nicht nur für Muskelaufbau und Fettabbau. Du lernst es jetzt kennen.

MIT DER SIEBEN-SCHRITTE-METHODE ERFOLGREICH ZUM ZIEL

Diese Sieben-Schritte-Methode ist **simpel.** Sie führt dich garantiert an dein Ziel! Jeder der sieben Schritte ist wichtig. Wenn du einen davon weglässt, wird aus **systematischem Erfolg** einfach nur … Zufall.

Wenn du diese Methode anwendest, um deinen Körper zu verändern, erzeugst du eine Gewohnheit. Ein unterbewusstes Verhalten, das dir automatisch auch in anderen Lebensbereichen helfen wird, deine Ziele zu erreichen. Es gibt Menschen, die zum ersten Mal von diesen sieben Schritten hören und überrascht sind, wie viele Ideen sie für ihre eigenen Fettabbau- oder Muskelaufbau-Ziele mitnehmen – und sofort umsetzen. Also lass uns die einzelnen Punkte hier Schritt für Schritt durchgehen.

Schritt 1: Entscheide dich für dein Reiseziel

Male ein präzises Bild von dem Ziel, das du erreichen willst. Es reicht nicht, wenn du weißt „Ich will abnehmen" oder „ich will stärker werden". Sich Ziele zu setzen und diese zu erreichen, ist eine Wissenschaft für sich: Du darfst dich entscheiden, was genau du willst, wann du es willst und wie es aussieht, wenn du es hast. Ein wichtiger Punkt ist folgender: Sicher können dir so manche Muskelaufbau-Tricks und einige Fettabbau-Methoden helfen. Doch letztendlich wirst du umherirren wie ein Goldfisch im Glas, wenn dir die Richtung fehlt, der Sinn und die Motivation, die du durch aufgeschriebene Ziele entwickelst. Nur wenn du dein Ziel glasklar definiert und aufgeschrieben hast, wirst du dort ankommen.

Schritt 2: Bestimme deine Startkoordinaten

Es ist gut, wenn du weißt, wohin du willst. Aber solange du nicht weißt, wo du dich jetzt gerade befindest, ist es schwer, eine Reiseroute auszuarbeiten. Sobald du dich auf ein Ziel festgelegt hast (indem du es **aufgeschrieben** hast), ist dies deshalb der nächste Schritt: Bestimme deine objektiven Startkoordinaten. Dazu gehören beispielsweise dein Körperfettanteil, das Gewicht deiner Fett- und Magermasse und dein Körperbau. Keine Sorge, in den kommenden Kapiteln erfährst du, wie einfach du diese Werte ermittelst. Sobald du das getan hast, kannst du den dritten Schritt gehen.

Schritt 3: Plane deine Flugroute

Es gibt eine einfache Möglichkeit, eine geeignete Flugroute zu finden. Greife Strategien von Menschen auf, die das schon erreicht haben, was du erreichen willst. Modelliere diese Strategien so, dass sie für dich passen. Ich bin immer wieder erstaunt, wie viele Menschen versuchen, das Rad neu zu erfinden. Modellieren bedeutet, dass du genau das **nicht** tust, sondern dich an einer bewährten Methode orientierst. Du nutzt das Wissen derer, die den Weg vor dir gegangen sind. Du lernst aus ihren Fehlern – und vermeidest sie. Wenn beispielsweise das Dranbleiben dein Thema wäre, solltest du dir einen Menschen als Vorbild suchen, der sich gut motivieren kann. Ich finde es faszinierend, wie Weltklasse-Athleten das tun. Als ich die Chance hatte, Boxlegende Wladimir Klitschko zu fragen, wie er sich an einem schlechten Tag motiviert, nutzte ich sie. Im Prinzip macht er nämlich genau das, was alle erfolgreichen Menschen tun: Er fokussiert sich auf das, was er **will.** Er will zu den Gewinnern gehören, nicht zu den Verlierern.

Menschen, die einen gesunden Fitness-Lifestyle verkörpern, sind gute Vorbilder. Es können Menschen aus deinem Bekanntenkreis sein. Oder Buchautoren, Trainer, Sportler. Und zwar solche, die die Ergebnisse, die sie verkaufen, auch verkörpern. Wenn du bereit bist, noch etwas mehr zu investieren, ist ein persönlicher Coach oder Mentor die beste Lösung, um den kürzesten Weg von A nach B zu finden. Jeder hat seine Grenzen.

Natürlich liegt es nicht jedem in den Genen, **Weltmeister** im Boxen zu werden. Aber so gut wie jeder Mensch kann ein **guter Boxer** werden – so lange er bereit ist, die nötige Anstrengung zu investieren. Wenn du auf ein bewährtes Nackt-gut-Aussehen-Konzept setzt, dann hilft dir das, dein eigenes Potenzial möglichst schnell auszuschöpfen. Du kannst **die beste Version von dir selbst** erschaffen, ohne zeitraubende Fehler zu begehen. Du bist einzigartig. Deswegen darfst du dich auch auf Experimente einlassen, Umwege bewusst einkalkulieren. Was andere Menschen als Rückschritt bezeichnen – ich nenne so etwas lieber Lern-Umleitung –, ist oft der einzig mögliche Weg, um die **für dich** optimale Ernährung oder das **für dich** optimale Training zu finden.

Bei aller Einzigartigkeit gibt es jedoch einen gemeinsamen Nenner. Es gibt ein paar Dinge, die **alle** Menschen tun, die stark, schlank und fit sind. So kann ein Drei-Sterne-Koch seine prämierten Gerichte nicht nur ein einziges Mal zubereiten. Er tut das, so oft er will, weil er das Rezept kennt. Er weiß, welche Zutaten nötig sind, wie und in welcher Reihenfolge er sie kombinieren muss, um ein Ergebnis zu produzieren, das Menschen verzaubert.

Schritt 4: Entwickle Feedbacksysteme

Du hast deine Flugroute geplant? Prima! Jetzt brauchst du geeignete Feedbacksysteme, die dir später sagen, ob dein Plan auch so funktioniert, wie du es dir erhoffst. Du darfst die Fähigkeit entwickeln, wahrzunehmen, wie dein Körper sich verändert – durch Sehen, Hören und Fühlen. Du entwickelst ein Bewusstsein für deinen Körper. Es ist okay, wenn du dabei Fehler machst – solange du nur jeden Tag etwas tust, von dem du glaubst, dass es dich deinem Ziel näherbringt. Und solange du deine Fortschritte trackst, also aufschreibst, um dir Feedback zu holen. Fehler gehören zu den besten Möglichkeiten, um zu lernen. Die einzigen Menschen, die keine Fehler machen, sind diejenigen, die in ihrer Komfortzone bleiben, immer auf Nummer Sicher gehen und nie etwas Neues ausprobieren. Fehler zu machen ist also völlig o.k. – nur mach nicht die gleichen Fehler immer wieder. Es gibt Menschen, die jahrelang die gleichen Ernährungs- und Trainingsfehler machen und sich wundern, warum sie keine Fortschritte erreichen. Mehr über geeignete Feedbacksysteme erfährst du in den einzelnen Kapiteln:

- Körperbau: Warum die Waage lügt und wie du deinen Körperbau trackst, kannst du im Kapitel über richtiges Krafttraining nachlesen, siehe Seite 104.
- Ernährung: Warum du ein Ernährungstagebuch führen solltest (und wie du das in nur drei Minuten täglich hinbekommst), das erkläre ich dir im Kapitel über ausgewogene Ernährung ab Seite 52.
- Essgewohnheiten: Warum du isst, obwohl du keinen Hunger hast und wie du dich von emotionalem Essen befreist, das erkläre ich dir ab Seite 42.

- Energieverbrauch: Was es mit dem Grundumsatz auf sich hat, woraus sich dein Energieverbrauch zusammensetzt und wie du ihn berechnen kannst – all das erfährst du ab Seite 111.

Es kostet Zeit, ein Gefühl und das Bewusstsein für deinen eigenen Körper zu entwickeln. Aber die gute Nachricht ist: Jeder Mensch kann es lernen. Dabei hilft es, wenn du weißt, worauf du achten musst. Dann brauchst du es nur noch zu **tun.** Unter dem Strich kommt es darauf an, dass du lernst, **wie dein Körper reagiert** – und dann deine Methoden individuell auf deine Bedürfnisse und Ziele anpasst. Die Idee dahinter ist, dass du dein eigener Experte wirst. Als Fitness-Coach kann ich dich immer dabei begleiten und unterstützen. Aber niemand kennt deinen Körper so gut wie du selbst – auch ich nicht. Diese Erkenntnis beruht auf meinen eigenen Erfahrungen: Hast du dich jemals gefragt, warum einige Menschen ihren Körper erfolgreich verändern – Muskeln auf- und Fett abbauen? Während andere bald aufgeben und in eine Abwärtsspirale geraten? Wenn du einen Weg gefunden hast, der funktioniert, dann behalte diesen Kurs bei.

Schritt 5: Starte!

Du kannst grandiose Ziele haben, die dich begeistern. Und du kannst mit einem Fitnesscoach den perfekten Plan erarbeitet haben, der dich garantiert an dein Ziel führt. Doch ein Ziel, auf das du nicht mit Taten hinarbeitest, ist wertlos. Es bleibt ein irrealer Traum. Auf gut Deutsch bedeutet das: Bring deinen Hintern ins Fitnessstudio! Arbeite. Investiere. Gib Gas. Verdiene dir deinen Erfolg. Starte. Traumkörper entstehen nicht zufällig und sie entstehen auch nicht durch Nichtstun. **Jeden Tag nur ein paar Minuten,** um deinem Ziel ein Stückchen näher zu kommen – du schaffst das. Wenn du nichts für dein Ziel tust, wirst du keinen Millimeter vorankommen.

Schritt 6: Rechne mit Turbulenzen

Sobald du feststellst, dass du deinem Ziel nicht näherkommst, probiere einfach etwas Neues aus und lass dich von den Störungen nicht beirren. Verändere etwas an deinen Methoden. Pass sie weiter auf dich, deinen Körper, deine Ziele, deine Situation an. Denk immer daran: Wenn du nicht gleich die erhofften Fortschritte machst, ist das kein Misserfolg. Du bist erfolgreich, weil du etwas ausprobierst. Gescheitert wärst du erst dann, wenn du aufgegeben hättest. Nutze Einsichten, Erkenntnisse und das Feedback, um daraus zu lernen. Es gibt immer Alternativen. Frage dich ehrlich: Denkst du rasch ans

Aufgeben? Vielleicht schon, wenn du in die ersten Turbulenzen kommst? Wie viele Wege zu trainieren oder dich zu ernähren hast du wirklich ausprobiert? Denn es gibt nahezu unendlich viele Möglichkeiten. Wenn das, was du tust, nicht funktioniert, tue etwas Anderes. Wichtig ist auch: Sorge dafür, dass Training und gesunde Ernährung für dich zur normalen Routine werden. So hast du die Macht der Gewohnheit auf deiner Seite. Wenn du jetzt darauf achtgibst, dass das „Auslassen" wirklich die Ausnahme bleibt und nicht selbst zur Gewohnheit wird, bist du auf der richtigen Spur. Ein Tipp von mir: Lass dein Training nie zweimal nacheinander ausfallen.

Schritt 7: Sei flexibel und bleib dran

Bist du bereit, viele Dinge auszuprobieren, um nackt gut auszusehen? Du darfst dich dazu entscheiden, immer wieder Anpassungen vorzunehmen, Neues zu versuchen, deine Komfortzone zu verlassen – und zwar so oft wie nötig, bis du dein Ziel erreicht hast. Bleib flexibel in den Dingen, die du probierst und in deinen Ansichten. Natürlich ist ein Flugplan wichtig, wenn du startest. Aber je mehr Wahlmöglichkeiten du unterwegs hast, desto flexibler kannst du auf Unvorhergesehenes reagieren und desto größer sind deine Erfolgschancen. Es ist also eine gute Idee, Raum für Improvisation zu lassen … Nun schließt sich der Kreis zu Schritt 1 – deinem Ziel. Warum willst du nackt gut aussehen? Um es den anderen im Fitnessstudio zu zeigen? Für deinen Partner, deine Partnerin? Oder einfach nur, weil du Lust hast, attraktiver auszusehen? Meine These: Wenn du deinen Körper für irgendjemanden anderen als dich selbst verändern willst, wirst du vermutlich scheitern. Wenn du in der Vergangenheit nicht die Fortschritte erzielt hast, die du dir erhofft hattest, darfst du dich fragen: „Wie sehr will ich es wirklich? Gebe ich meinem Ziel die Priorität, die nötig ist?"

SO SETZT DU DIR ZIELE – UND ERREICHST SIE

Ziele sind die Grundlage jeden Erfolgs. Konkrete Ziele machen dir das Leben einfacher, weil du deine Anstrengungen fokussieren kannst. Der Prozess ist simpel und evidenzbasiert: Dabei spielen sechs Elemente eine Rolle, die auf Grundlagen der Psychologie und Neurowissenschaften fußen.

1. Wähle spezifische, messbare Ziele

Bei jedem Ziel darfst du zunächst diese Frage beantworten: „Was will ich?" Es lohnt sich, wenn du dir einen Moment nimmst, sie so konkret wie möglich zu beantworten. **Denn dein Unterbewusstsein nimmt jedes Wort ernst und es versteht keine Verallgemeinerungen.** „Ich will fit werden" klingt zwar gut – wer will das nicht? Aber für dein Unterbewusstsein ist es wie eine fremde Sprache. Es ist viel zu unspezifisch. „Ich wiege ein Kilo weniger" klingt spezifisch und messbar, aber das täuscht: Ein Kilo leichter bist du bereits nach einem ausgedehnten Saunagang. Ziel wirklich erreicht? „X Kilo abnehmen" ist also auch kein geeignetes Ziel, weil du damit nicht definierst, wovon du X Kilo abnehmen willst. Muskeln, Wasser oder andere Körperflüssigkeiten sind es vermutlich nicht. In der Klarheit liegt die Macht! Füttere dein Gehirn mit einer möglichst konkreten Absicht, zum Beispiel so:

- Wie viel wiegst du, wenn du am Ziel bist?
- Wie hoch ist dein Körperfettanteil?
- Welche Körpermaße hast du?
- Welche Kleidergröße trägst du?

Beschreibe dein Ziel so detailliert wie möglich. Beschreibe es ausführlich und so genau, dass ich ein Bild davon malen könnte. Und: Wenn deine Beschreibung gelungen ist, kannst du absolut zweifelsfrei die Frage beantworten: Woran würdest du merken, dass du dein Ziel erreicht hast?

2. Setze dir Ziele, die dich herausfordern

Vielleicht hast du dir früher schon einmal Ziele gesetzt – mit dem Ergebnis, dass Freunde und Familie dir sagten, du sollst „realistisch sein". Na klar, du solltest deine Ziele auch erreichen können. Auf gesundem Wege. Aber mir ist wichtig, dass du dich nicht unter Wert verkaufst. Gib dich **niemals** mit weniger zufrieden als mit dem, was du wirklich willst. Wenn du daran glaubst, wenn du bereit bist, dich dafür ins Zeug zu legen … dann ist alles möglich.

Deine Ziele sind erst dann groß genug, wenn sie dich begeistern und dir gleichzeitig Angst einjagen. Ziele, die dich nicht wenigstens ein bisschen nervös machen, sind zu klein für dich. Mit zu niedrigen Zielen aber bleibst du in deiner wohlig-warmen Komfortzone. Du darfst ruhig etwas mehr von dir erwarten, natürlich ohne dabei völlig ins Land der Illusionen abzudriften. Wenn du beispielsweise **in sieben Tagen fünf Kilo Fett** abbauen willst, dann ist das kein Optimismus, sondern Selbsttäuschung. Ein **Realitäts-Check** ist also immer eine gute Idee. Wenn du dir nicht ganz sicher bist, frag jemanden, der sich mit dem Thema auskennt und dem du vertraust, zum Beispiel einen erfahrenen Freund oder einen Fitnesscoach. Dann hörst du vielleicht: „Dein Ziel kannst du beibehalten, aber nimm dir mehr Zeit." Ein Beispiel: Was glaubst du – wie viel Fett kannst du pro Woche abbauen? Nahezu alle erfahrenen Fitnesscoaches empfehlen beim Abnehmen:

- Körpergewicht: 0,5 bis 1 Kilogramm pro Woche
- Körperfett: maximal 1 Prozent pro Woche

Ein Prozent Körperfett pro Woche ist also die absolute Obergrenze! **Ein realistisch erreichbares Ziel sind 0,5 Prozent Körperfett weniger pro Woche.** Wer sehr ambitioniert ist oder viel Zeit zum Trainieren hat, schafft vielleicht etwas mehr. Sinkt die Zahl auf der Waage von Woche zu Woche stets über ein Kilo ab, dann liegt das meist am Wasser- oder Muskelabbau. Nicht das, was du vorhast.

Viele Menschen sind überrascht, mit welcher Präzision sie Ziele erreichen – oft auf den Tag genau. Jedenfalls dann, wenn sie sich vorher die Zeit genommen haben, diese Ziele auch exakt festzulegen. Wenn Klarheit dir hilft, deine Ziele mit Leichtigkeit zu erreichen – wer sagt dann, dass nicht auch mehr gegangen wäre? Dieses Dilemma löst du, **wenn du dein Ziel nach oben öffnest,** indem du es um Formulierungen wie „mindestens", „oder mehr", „oder besser" ergänzt. So löschst du die obere Schranke aus deinem Zielprogramm. Im Ergebnis könnte das so aussehen:

- „Ich verbrenne mindestens 0,5 Prozent Körperfett pro Woche."
- „Mein Körperfettanteil sinkt von 15 Prozent auf 10 Prozent oder weniger."
- „Ich baue 500 Gramm Muskeln oder mehr pro Monat auf."
- „Spätestens heute in drei Wochen beherrsche ich die Renegade Row in perfekter Technik."

3. Setze dir Deadlines!

Das kennst du bestimmt auch aus deiner Schul- oder Studienzeit: Wenn du einen Abgabetermin hattest, kam es mehr als einmal vor, dass du dich erst auf den letzten Drücker an die Arbeit gesetzt hast und durch einige schlaflose Nächte musstest... Warum hat das fast jeder von uns schon mal erlebt? Unsere Emotionen spielen dabei eine Rolle: Während der Termin näher rückt, fühlst du die Dringlichkeit immer stärker. Das hilft dir, die richtigen Prioritäten zu setzen. Wenn du glaubst, noch Zeit im Überfluss zu haben, fühlt sich das Ganze weniger dringend an. Deadlines helfen deinem Gehirn, jeden Tag zu nutzen: Mehr Ergebnisse, weniger Zeitaufwand. Außerdem gilt: Interne Deadlines sind gut. Externe sind besser.

Als interne Deadlines bezeichne ich die, die du selbst festlegst. Als externe Deadline die Abgabetermine, die dich von außen in die Pflicht nehmen. Diese sind auch deshalb so wirkungsvoll, weil ein Nichteinhalten direkte Konsequenzen nach sich zieht. Verfehlst du die Deadline für eine Hausarbeit, gibt's eine schlechte Note. Und mehr Arbeit, wenn du den Kurs nochmal belegen musst. Vielleicht später sogar einen schlechter bezahlten Job.

Externe Deadlines, die reale – positive und negative – Konsequenzen nach sich ziehen, helfen Dir, in kritischen Situationen dranzubleiben. Denn externe Deadlines machen dir Feuer unter dem Knackpo. Du könntest für eine externe Deadline in deinem Programm zum Beispiel einen Pakt mit deinem Partner oder einer Freundin abschließen. Einer meiner Klienten hat früher lange vergeblich versucht, eine Trainingsroutine zu entwickeln. Dann ließ er sich von seiner Frau in die Pflicht nehmen: Für die nächsten 90 Tage wollte er mindestens dreimal pro Woche zum Training gehen. Als Belohnung stellte er ein gemeinsames Wellness-Wochenende in Aussicht. Sollte er es nicht schaffen, versprach er, für die nächsten 90 Tage im Haushalt die Wäsche zu übernehmen – eine Arbeit, die er abgrundtief hasste. Um ihr zu entgehen, hatte er keine Wahl, als konsequent an seinen Prioritäten festzuhalten. Am Ende der 90 Tage war das Training Teil seiner Wochenroutine geworden. Er hatte einen Trainings-Automatismus entwickelt, an dem er auch nach Ablauf der drei Monate dranblieb.

4. Mache Großes erreichbar - definiere Teilziele

Große Ziele können überwältigend erscheinen. Das ändert sich, wenn du sie in kleine Portionen schneidest. Im Coaching habe ich mit der folgenden Aufteilung die besten Erfahrungen gemacht:

- **Visualisiere deinen ultimativen Körper (im Alter von X):** Wenn du den Körper haben könntest, den du willst – wie sähe der aus? Vielleicht gibt es einen Sportler, einen

Schauspieler oder jemand anderen, an dem du dich orientieren kannst. Dieses Ziel ist deine ultimative Vision. Hier gibt es erstmal keine Deadline. Du zeichnest ein Bild davon, wie dein Körper in 10, 20, 30 oder 50 Jahren aussieht. Stelle dir folgende Fragen: Wie lange willst du leben? Wie steht es um deine Gesundheit und körperliche Leistungsfähigkeit, während du älter wirst? Wie aktiv bist du dann körperlich? Machst du immer noch Sport? Falls ja, welchen?

- Stecke dir ein Mehr-Jahres-Ziel: Als Nächstes setzt du dir ein Ziel für die nächsten zwei bis fünf Jahre. In diesem Zeitraum kannst du, wenn du willst, ein völlig neuer Mensch werden. Ich kenne Leute, die in weniger als 24 Monaten eine vollständige körperliche Transformation durchlaufen haben: vom Übergewichtigen zum Fitnessmodel. Also sei mutig! Ich mag den Gedanken, dass du dich selbst nicht unter Wert verkaufst!

- Definiere ein Jahresziel: Sechs bis zwölf Monate sind optimal für ein mittelfristiges Ziel. Wenn du 25 oder mehr Kilo abnehmen willst, sind diese Ziele besonders wichtig. Viele Menschen setzen sich gegen Ende eines Kalenderjahres Ziele für die nächsten zwölf Monate. Diese Chance kannst du für dich nutzen.

- Bestimme die Quartalsziele: Setze dir kurzfristige 90-Tage-Ziele. Wenn du merkst, wie dein Quartalsziel mit jedem Sonnenaufgang einen Tag näher rückt, fühlst du, wie wertvoll der heutige Tag ist. **Dein 90-Tage-Ziel ist das Ziel, dem du die größte Aufmerksamkeit widmen solltest.**

- Wochenziele: Wochenziele helfen dir, deine Quartalsziele in gut verdauliche Abschnitte zu unterteilen, die du direkt beeinflussen kannst. Ich bin immer wieder erstaunt, welchen Effekt es hat, wenn man einmal pro Woche seine Körperwerte misst, indem man sein Gewicht und den Körperfettanteil erfasst.

- Tagesziele: Tagesziele helfen dir bei der Planung von Training und Ernährung. Welche Übungen, welches Gewicht, wie viele Wiederholungen und Sätze schaffst du im Training? Welche Lebensmittel, wie viel Eiweiß und wie viel Kalorien isst du? Zu deinen Tageszielen gehört all das, was du jeden Tag abhaken willst, um deine Wochen- und Quartalsziele zu erreichen.

Zum Beispiel könntest du dir im Training vornehmen, bei jeder Übung drei Wiederholungen mehr zu absolvieren als beim letzten Workout. Um dein Essverhalten zu verbessern, könntest du dir vornehmen, zu jeder Mahlzeit auch Obst und Gemüse zu essen. Bestimmt hast du schon erste Ideen für deine Ziele entwickelt. Das ist toll! Jetzt solltest du sie notieren – sonst bleiben sie Träume, Wünsche und Fantasien. Indem du deine Wünsche und Träume aufschreibst, verwandelst du sie in Ziele. Wenn jemand moderne digitale Tracking-Tools liebt, dann ich. Aber beim Erfassen von Zielen bleibe selbst ich altmodisch – und du solltest das auch:

- Notiere jedes deiner Ziele mit dem **Füllhalter** auf einem Blatt Papier. Die Tinte ist ein Symbol für deine feste Absicht, dass du das Ziel erreichst – egal, was auch passiert.
- Schreib hinter jedes Ziel **mit Bleistift** eine Deadline. Deadlines notierst du mit Bleistift, weil du dir bewusst machen willst, dass Zeit flexibel ist.

Einige Menschen halten es für ein Scheitern, wenn sie eine Deadline nicht halten. Das ist weder hilfreich, noch stimmt es. Es heißt für dich lediglich, dass du den Zeitaufwand unterschätzt hast. Also radierst du die alte Deadline weg und schreibst eine neue hin.

5. Definiere dein „Warum"

Das Ziel des Zielesetzens ist simpel: Du programmierst den Autopiloten deines Gehirns so, dass er dich ab heute ohne dein bewusstes Zutun unterstützt. Wenn du weißt, **warum** du ein Ziel erreichen willst – und was dich daran begeistert –, dann erschaffst du eine unerschöpfliche Motivationsquelle: Deine Ziele sind das Steuerruder. Das „Warum" ist der Wind in deinen Segeln. Wenn du ein Ziel aufschreibst, geh einen Schritt weiter und notiere, warum du dieses Ziel erreichen willst. Dabei gibt es keine „richtigen" und keine „falschen" Gründe. Einige wollen mehr Sexappeal, anderen geht es um Spiritualität. Hier sind einige Beispiele aus meinem Umfeld – von Kunden, Freunden und Bekannten.

Ich will …
- bei meiner Hochzeit und in den Flitterwochen in Topform sein.
- mehr Energie haben.
- bei perfekter Gesundheit sein.
- mir gefallen, wenn ich in den Spiegel schaue.
- in meine Lieblingsjeans passen.

- nach meinem Glauben leben, indem ich meinen Körper ehre.
- ein Vorbild für meine Kinder sein.
- da sein, um meine Kinder großzuziehen und meine Enkel kennenzulernen.
- mehr Selbstvertrauen und -sicherheit gewinnen.

Je mehr „Warums" du findest und je mehr sie dich begeistern, desto leichter wirst du dich motivieren und dranbleiben können.

6. Formuliere deine Ziele als Affirmationen

Schreibe einen Wunsch, eine Fantasie oder eine Idee aufs Papier – und du machst daraus ein Ziel. Viele übergehen das Aufschreiben, aber es ist wichtig. Etwas zu Papier zu bringen ist der erste Schritt, der Gedanken real werden lässt. Es bringt dich vom Denken ins Handeln. Durch Aufschreiben signalisierst du deinem Gehirn: „Das hier ist wichtig".

Außerdem kannst du dir Ziele in Bild und Text regelmäßig ins Bewusstsein rufen – zum Beispiel, indem du sie an einem Ort aufhängst, wo du sie mehrmals täglich siehst. So fällt es dir leichter, dich auf das zu fokussieren, was du wirklich willst. Dabei spielt auch die Sprache eine Rolle. Je klarer du dein Ziel nicht nur inhaltlich, sondern auch sprachlich formulierst, desto effektiver programmierst du dein Unterbewusstsein. Die effektivste Weise, dein Unterbewusstsein auf Ziele zu programmieren, ist die **Affirmation.** Die wirksamste Form der Affirmation ist persönlich, positiv und im Präsens formuliert:

- Persönlich: Setze Ziele für dich und nicht für jemand anderen. Achte darauf, dass es ein Ziel ist, das du selbst erreichen kannst.
- Positiv: Bei einem Ziel geht es um etwas, das du willst. Nicht um etwas, das du vermeiden oder loswerden willst.
- Präsens: Formuliere alle Ziele in der Gegenwartsform. So, als hättest du sie jetzt schon erreicht.

Affirmationen, die mit „Ich bin …" beginnen, sind wirkungsvoll, weil es um deine **Identität** geht. Wenn du – auch im Alltag – einen Satz formulierst, der mit „ich bin …" beginnt, solltest du daher achtsam sein. Ich mag den Gedanken, dass danach etwas Positives folgt. Was deine Ziele angeht, kannst du das für dich nutzen: Ich bin, ich habe, ich trainiere, ich trage, ich wiege, ich liebe … – das sind alles gute Beispiele für den Beginn einer wirkungsvollen Affirmation. Und warum müssen Ziele positiv formuliert sein? Viele von uns wollen weniger Körperfett. Aber wenn du „weniger Körperfett" als Ziel formulieren würdest, sagst du nicht, was du willst, sondern nur, wovon du weniger willst. Dein Unterbewusstsein versteht keine negativen Formulierungen.

Wenn ich dir sage, „Denk jetzt **nicht** daran, wie du Schoko-Eiscreme isst", woran denkst du dann? Ich habe da so eine Idee … Kann es sein, dass du dich gerade ein Schoko-Eis essen siehst? Je mehr du deine Aufmerksamkeit auf Dinge lenkst, die du nicht willst, desto mehr bekommst du davon. Affirmationen, in denen von „Abnehmen" oder „Körperfett abbauen" die Rede ist, helfen dir also nicht. Sag stattdessen, was du willst – und zwar so präzise wie möglich. Hier sind ein paar Beispiele:

- „Ich fühle mich am 1. Mai großartig. Meine Klamotten passen und sitzen bequem, ich wiege unter 80 Kilogramm und mein Körperfettanteil liegt bei maximal zehn Prozent."
- „Ich freue mich riesig, dass ich jetzt, am 1. November, perfekt in meine Jeans der Größe 28 passe. Ich gefalle mir darin so gut, dass ich mich damit in jeder Situation selbstbewusst und wohl fühle."
- „Am 21. Juni wiege ich 62 Kilogramm und mein Körperfettanteil liegt bei unter 20 Prozent. Ich sehe gut aus, ich fühle mich großartig und ich weiß: Diesen Sommer werde ich Spaß haben!"

Mit Affirmationen wie diesen drückst du exakt das aus, was du willst – du gibst deinem Gehirn glasklare Instruktionen. Wirkungsvolle Affirmationen sind spezifisch, messbar, persönlich und positiv und … sie haben eine Deadline.

MENTALE STÄRKE ENTWICKELN UND NUTZEN

Das hat sich bis jetzt vielleicht ganz einfach gelesen. Doch du denkst bei dir: Wieso sollte es diesmal gelingen, wo ich doch schon so oft begonnen habe und gescheitert bin? Klar, bei schönem Wetter kann jeder segeln. Doch was, wenn plötzlich ein Sturm aufzieht und du vom Kurs abkommst? Dann brauchst du mentale Stärke! Der Sportpsychologe Reto Venzl beschreibt mentale Stärke so, dass man das Beste gibt, was man aktuell leisten kann – und das im richtigen Moment.[4] Mentale Stärke ist also keine Sache, sondern ein Verhalten. Mentale Stärke bedeutet nur eines: Du bist in der Lage, in kritischen

Situationen dein Ziel im Fokus zu behalten. Das bedeutet auch, dass es dir immer leichter fällt, Dinge auszublenden, die dich früher von deinem Ziel abgehalten hätten. Das führt gleich zur nächsten Frage: Wie kannst du diese Fähigkeit entwickeln?

Dein erster Schritt ist: Entscheide dich für ein Ziel und formuliere es richtig. Weiter ist entscheidend, dass du dir dein Ziel regelmäßig ins Bewusstsein rufst und (positive) Emotionen damit verknüpfst. Wiederholung ist der Schlüssel zu mentaler Stärke. In dieser Hinsicht funktioniert mentales Training genauso wie körperliches Training. Du willst dein Gehirn trainieren – wie einen Muskel. Das bedeutet auch, dass du dir fürs mentale Training ebenso Zeit nehmen solltest wie fürs Kraft- oder Kardiotraining. Menschen, die ihre Ziele erfolgreich verwirklichen, trainieren ihr Unterbewusstsein. Täglich.

Wie du dein Nummer-1-Ziel findest

Es ist eine gute Idee, wenn du nach dem Aufschreiben deine Ziele in eine Prioritätenfolge bringst und dir dann eine Art „Generalliste" schreibst. Setze den Fokus auf die Ziele, die dir am wichtigsten sind. Es gibt übrigens keine allgemeingültige Vorgabe, wie viele Ziele du dir setzen solltest. Setz dir einfach so viele, wie dir wichtig sind! Deine Zielliste verändert und entwickelt sich weiter, so wie du dich veränderst und weiterentwickelst. Während du deine Ziele jeden Tag durchgehst und deine Affirmationen neu aufschreibst, kannst du sie immer weiter schärfen, bis sie einfach perfekt klingen. Wenn du erreichte Ziele von deiner Liste nimmst, ist das ein guter Zeitpunkt, neue Ziele zu ergänzen.

Dann solltest du dich zudem entscheiden, welches Ziel dir jetzt am wichtigsten ist. Und welche (Teil-)Ziele du dir sonst noch setzen willst. Schreib dein Nummer-1-Ziel als Affirmation auf eine scheckkartengroße Karteikarte, deine Zielkarte. Die Idee der Zielkarte ist, dass du sie in deinem Portemonnaie immer bei dir trägst. Jedes Mal, wenn du deine Brieftasche öffnest oder ein paar Sekunden Zeit hast, nimmst du sie kurz zur Hand. Während du an der Kasse, der Ampel oder in der U-Bahn wartest, liest du sie. Wenn du deine Zielkarte regelmäßig liest, passiert bald etwas Interessantes: Du denkst schon dann an dein Ziel, wenn du dein Portemonnaie nur mit den Fingern berührst. Durch diese Gewohnheit fällt es dir leicht, den Fokus auf dein wichtigstes Ziel auch in schwierigen Situationen beizubehalten.

Tipp: In den Bonus-Downloads zum Buch auf www.lgnbuch.de findest du ein Arbeitsblatt, das du als wertvolle Vorlage für deine Zielkarte nutzen kannst!

Dein effektiver Trainingsplan für mentale Stärke

- **Trainingsintervall:** Nimm dir jeden Morgen nach dem Aufwachen und jeden Abend vor dem Einschlafen etwas Zeit, dich mit deinen Zielen zu befassen und die aktuelle Situation (erreichte Ziele, neue Ziele) schriftlich festzuhalten (siehe Kasten links).
- **Trainingsdauer:** Fünf Minuten reichen aus, falls du viel zu tun hast. Wenn du schnellere Fortschritte willst und die Zeit hast, gönnst du dir 15 bis 20 Minuten.
- **Trainingsroutine:** Du nutzt die Zeit, um deine Ziele entweder neu aufzuschreiben, zu überarbeiten, zu verfeinern oder zu visualisieren (mehr dazu auf der nächsten Seite).

Auf den ersten Blick mag das vielleicht zu simpel klingen. Aber es ist wirklich wie Magie, wenn du deine Ziele auf- und abschreibst – wieder und immer wieder. Das tägliche Aufschreiben deiner Ziele von Hand ist eins der mächtigsten Werkzeuge in deiner mentalen Toolbox. Ich kenne Menschen, die einzig und allein mit dieser Technik ihr Leben komplett verändert haben.

Neben deinem mentalen Workout am Morgen und am Abend solltest du jede Gelegenheit nutzen, um deinen Geist mit positiven Bildern, Filmen, Worten, Klängen, Gedanken und Gefühlen ... zu deinem Ziel buchstäblich zu überfluten. Ich nenne das „im Ziel baden". Je öfter du an dein Ziel denkst und je mehr neue Sichtweisen du dabei entdeckst und ausprobierst, umso besser.

Eine der wirksamsten und wichtigsten Visualisierungstechniken ist, dass du dich selbst im Ziel siehst. Wenn du dir in der ersten Visualisierungsübung vorgestellt hast, welche einzelnen Schritte du machst und wie du Etappenziele erreichst, dann kannst du das jetzt noch steigern: Du stellst dir einfach vor, wie es sich anfühlt, wenn du dein ultimatives Ziel erreicht hast. Und – wie fühlt es sich an? Stell dir jedes Detail ganz konkret vor! Welche Kleidung trägst du? Was siehst du, wenn du an deinem idealen Körper herabschaust? Wenn du regelmäßig in deinem Ziel „badest", kannst du dein Selbstbild umprogrammieren: Aus dem Menschen, der du sein willst, wird der Mensch, der du bist. Du entwickelst eine neue Identität. Mit deinem Selbstbild verändert sich auch dein Verhalten, denn es entspringt immer dem Impuls, wie du dich selbst siehst.

Visualisierung und Kopfkino

Wusstest du, dass erfolgreiche Leistungssportler Bewegungen mit technischer Perfektion visualisieren? Visualisierung ist das Öl für den Motor deines neuen Verhaltens. Wenn du an eine Sache denkst, feuern die gleichen Neuronen in deinem Gehirn, als wenn du das Gedachte gerade tatsächlich erlebst.

Und so funktioniert die Visualisierungsübung:

Dein Ziel ist klar? Los geht's! Schließ deine Augen und stell dir vor, wie du jeden Tag das tust, was du tun willst, um dein Ziel zu erreichen.

Beispielsweise kannst du dir vorstellen, wie du …

- etwas Gesundes kochst.
- langsam isst und genießt, ohne dabei andere Dinge zu tun. (Menschen, die beim Essen Fernseher, Smartphone und Co. ausgeschaltet lassen, ernähren sich gesünder und nehmen auch viel leichter ab).
- eiweißhaltige Lebensmittel und Gemüse zum Hauptbestandteil jeder Mahlzeit machst (siehe Seite 53).
- bessere Entscheidungen triffst, wenn du auswärts isst und trinkst.
- regelmäßig zum Training gehst.
- bei emotionalen Triggern neue Verhaltensweisen ausprobierst.
- in sozialen Situationen bessere Entscheidungen triffst (zum Beispiel wie du „Nein" zum Treffen mit einem Energieräuber oder zu einem zweiten Stück Kuchen sagst, siehe Seite 40).

ERFOLGSFAKTOR SOZIALES UMFELD

Wusstest du, dass wir unser Verhalten nach dem Vorbild der Menschen modellieren, mit denen wir unsere Lebenszeit verbringen? Das ist ein Prozess, der zu 99 Prozent unterbewusst und vollautomatisch abläuft. Wir alle neigen dazu, uns den Worten, Verhaltensweisen und Gewohnheiten unserer Mitmenschen anzupassen. Wenn du dich überwiegend mit den „falschen" Menschen umgibst, steht dein Erfolg auf tönernen Füßen. Umgibst du dich aber mit den „richtigen" Menschen, die an dich glauben und dir Rückenwind geben, dann ist das enorm motivierend und garantiert deinen Erfolg.

Dein soziales Umfeld ist also ein ganz entscheidender Erfolgsfaktor. Denn es beeinflusst unbemerkt deine Gedanken und dein Verhalten. Du wirst langsam, aber sicher so wie die Menschen, mit denen du dich umgibst. Meist merken wir gar nicht, wie sehr uns Freunde, Familie und Kollegen beeinflussen. Die Veränderung passiert schleichend. Achte vor allem auf permanente Einflüsse (einmal über die Stränge zu schlagen, ist selbstverständlich kein Problem). Doch vielleicht …

- sagt ein Freund häufiger: „Komm, trink doch noch ein Bier mit!"
- bringt ein Kollege regelmäßig leckeren Kuchen mit.
- lädst du Kunden mehrmals pro Woche zum Geschäftsessen ein.
- cancelt dein Trainingspartner immer wieder das Workout (und du lässt die Einheit dann auch sausen).
- kritisiert deine Partnerin oder dein Partner permanent deine Fitnessziele.

Dein soziales Umfeld hat einen ungeheuren Einfluss auf dich, deine Fitness und deinen Lifestyle. Die meisten Menschen essen in Gesellschaft mehr. Besonders, wenn das Essen sofort verfügbar ist – wie in Restaurants, bei Buffets, Partys oder Familienfeiern. Je größer die Gruppe ist, desto mehr wird meist gegessen und getrunken. Wenn jeder am Tisch ein Dessert isst, ist die Wahrscheinlichkeit höher, dass auch du Nachtisch nimmst – selbst wenn du bereits pappsatt bist. Psychologen nennen das „soziale Erleichterung". Genauso gut kann das Essen in Gemeinschaft dazu führen, dass du bewusster und gesünder isst. Es hängt von der Gruppe ab. Wenn du damit rechnest, dass die anderen dich beobachten und bewerten, triffst du bewusstere Entscheidungen und isst weniger.

Wer trägt dich zum Sieg, wer bringt dich zu Fall?

Du darfst soziale Inventur machen! Schreib eine Liste, auf der du wirklich zu 100 Prozent ehrlich notierst, welche Freunde, Verwandten, Bekannten … dir guttun, Energie geben und dich immer wieder dabei unterstützen, deine Ziele zu erreichen. Wer sorgt die meiste Zeit dafür, dass du da hinkommst, wohin du dich entwickeln willst? Wenn du dich damit auseinandersetzt, welche Menschen in deinem Leben dich positiv beeinflussen und welche negativ, dann ist das ein wichtiger Schritt. Er transformiert nicht nur deinen Körper, sondern dein gesamtes Leben. Das ist die Idee bei der sozialen Inventur, einer Bestandsaufnahme der sozialen Kontakte in deinem Leben.

Für diese soziale Inventur fragst du dich ganz bewusst:
- Mit welchen Menschen verbringe ich die meiste Zeit?
- Wie beeinflussen mich diese Menschen?
- Helfen sie mir, meine Ziele im Leben zu erreichen, unterstützen sie mich?
- Oder hindern sie mich daran?
- Welche Menschen mag ich und warum?

Wenn du die Antworten auf diese Fragen kennst, dann kannst du bewusst entscheiden, mit wem du künftig mehr Zeit verbringst. Je nachdem, wie (ob positiv oder negativ) andere Menschen dich beeinflussen, kannst du sie in verschiedene Kategorien einteilen:

- **Energieräuber:** Menschen, die dich Kraft kosten und dein Motivationsfundament leise untergraben, sodass du dein Ziel aus den Augen verlierst. Dazu zählen: der Pessimist, der Nörgler, der Kritiker, der Hedonist und der Verführer.
- **Unterstützer:** Menschen, die dir im richtigen Moment Rückenwind geben und dich so ins Ziel tragen.

Wie du mit Menschen umgehst, die deine Fitness sabotieren

Energievampire. Sie sind unter uns. Und sie können deine Fitness ruinieren. Warum wird unser soziales Umfeld im Fitness-Kontext eigentlich fast nie thematisiert? Ich werde dir vier Strategien im Umgang mit Energievampiren an die Hand geben:

1. Du begrenzt die negativen Einflüsse: Du verbringst möglichst wenig Zeit mit Pessimisten, Kritikern und anderen negativen Menschen. Wie du das anstellst? Nun, verpasse deiner Zeit ab sofort ein extrem hohes Preisschild. Deine Zeit ist dein Leben und sie ist zu kostbar, um sie zu verschwenden. Am Arbeitsplatz befreist du dich durch vier einfache Worte: „Zurück an die Arbeit." Diese Idee habe ich von dem US-Autoren und Trainer Brian Tracy. Wenn ich früher in meinem alten Job einen Energievampir loswerden wollte, sagte ich: „Entschuldige, aber ich muss zurück an die Arbeit." Es ist die perfekte Exit-Strategie. Schöner Nebeneffekt: Du bist produktiver und hast dadurch mehr Zeit fürs Training oder um ein gesundes Abendessen zu kochen.

2. Erhöhe die positiven Einflüsse: Indem du die negativen Einflüsse begrenzt, schaffst du mehr Raum in deinem Leben für Unterstützer. Dieses Ergebnis kannst du gezielt steuern, indem du deine Prioritäten und deinen Zeitplan daran ausrichtest. Wo immer du Chancen siehst, um mehr Zeit mit Unterstützern zu verbringen, nutze sie. Es lohnt sich, in solche Beziehungen zu investieren. Wenn du einen Mentor findest, der dich begleitet, hast du gewonnen. Vielleicht musst du dazu mal früher aufstehen, irgendwo unentgeltlich aushelfen, reisen, Geld investieren – was auch immer. Manchmal reicht ein einziger positiver Funke, um ein ganzes Meer an Negativität zu neutralisieren. Ein ehrliches Kompliment eines Freundes kann dir einen ganzen Tag den Rücken stärken, so dass es dir leichter fällt, deine Ernährung auf Kurs zu halten. Ein Skype-Gespräch mit einem Coach nimmt dich für eine ganze Woche in die Pflicht und du erwartest gespannt die nächste Fortschrittsmessung. Und ein Moment mit einem Träumer kann dir Inspiration für dein restliches Leben geben.

3. **Entwickle einen Schutzschild gegen Energievampire:** Es ist unmöglich, alles Negative aus deinem Leben auszublenden. Deshalb entwickle eine Immunität gegen die Energievampire in deinem Umfeld. Wer sich jede Kritik zu Herzen nimmt oder aufgibt, sobald er einem Zweifler begegnet, braucht gar nicht erst anzufangen. Du kannst Energievampire loswerden, auch wenn sie dir gegenüberstehen – mental. Wenn du von negativen Gedanken umgeben bist, umgibst du dich mit einem positiven Schutzschild. Natürlich wächst ein positiver Schild nicht von allein, es braucht Training. Meine Morgenroutine ist für mich beispielsweise eine der größten Quellen positiver Energie. Hier sind einige simple Wege für einen starken Start in den Tag:

- Visualisiere deine Langfrist-, Wochen- und Tagesziele und stell dir vor, wie es sich anfühlt, wenn du sie erreicht hast.
- Bring dich mit Musik in Stimmung, die dich pusht.
- Hör Audiobücher oder Podcasts, die dich motivieren.
- Mach dein Bett sofort, wenn du aufstehst. Es mag sonderbar klingen, aber allein das gibt dir ein erstes Erfolgserlebnis.
- Beginne den Tag mit einem Satz Klimmzüge oder Liegestütze.

4. **Stärke dich mit positiver Power:** Selbst der dickste Schutzschild bekommt Risse, wenn es unter Dauerfeuer von Energievampiren steht, die deine Bemühungen sabotieren oder sich lustig machen. Hol deinen Freundeskreis mit ins Boot. Weihe sie in deine Ziele ein und bitte sie um Rückendeckung. Vielleicht kannst du den einen oder die andere sogar

überzeugen, dich zum Training zu begleiten. Wenn du dein Potenzial entfalten willst, darfst du eine Entscheidung treffen und negative Einflüsse vermeiden. Manchmal bedeutet das auch, einige Menschen gehen zu lassen.

EMOTIONALES ESSEN

Bevor wir zum zweiten Element der M.A.R.K.-Formel kommen – der Ernährung –, schauen wir noch auf einen Aspekt des mentalen Trainings, der sehr eng mit der Ernährung verknüpft ist: den Zusammenhang zwischen Emotionen und Essen. Stell dir vor, du bist zu einer Hochzeit eingeladen. Das Essen wird serviert und weil du jetzt noch keinen Hunger hast, lehnst du dankend ab: „Vielleicht in einer Stunde, ich habe gerade noch keinen Hunger." Das hätte schon etwas Situationskomik – würdest du wahrscheinlich nicht tun – oder? Auf Hochzeiten, Geburtstagen, Festen oder anderen gesellschaftlichen Events auf das damit verbundene Essen zu verzichten, ist in meinen Augen weder angebracht, noch nötig. Es ist sicher kein Zufall, dass das Essen oft im Mittelpunkt steht, wenn Menschen für Familienfeste, Jubiläen, Grillabende oder Dates zusammenkommen. Einige von uns benutzen Lebensmittel, um mit schlechten Gefühlen umzugehen. Sie verbinden Essen unterbewusst mit Liebe, Wärme, Kümmern und Familie. Ich glaube nicht, dass du diese positiven „Nebeneffekte" des Essens vollständig ausgrenzen solltest. Ich vermute, dass du nackt gut aussehen und dabei glücklich sein willst – nicht nackt gut aussehen und unglücklich sein. Das ist einer der Gründe, warum ich kein Freund von Totalverboten bin. Daher gibt es bei mir auch keine Regeln dieser Art: „Entweder du erfüllst meine Vorgaben zu 100 Prozent – oder gar nicht." Oder: „Eiscreme? Sorry, die musst du ab jetzt aus deinem Leben streichen."

Ich vertrete einen 90/10-Ansatz – ein bisschen Genuss soll immer dabei sein, Essen aus emotionalen Gründen ist okay. Es wird erst dann zum Thema, wenn du es wie ein „Medikament" gegen Stress oder schlechte Gefühle einsetzt – und zwar regelmäßig oder unbewusst.

Was genau ist emotionales Essen? Wir alle essen hin und wieder aus emotionalen Gründen und das ist auch vollkommen okay. Ich glaube, emotionales Essen ist ein (meist unbewusst) erlerntes **Verhalten.** Und ein Verhalten kannst du verändern. Emotionales Essen äußert sich auf eine dieser drei Arten:

1. Du isst aus einem Impuls heraus, ohne bewusst darüber nachzudenken.
2. Du isst aus einem anderen Grund als dem, deine körperlichen Bedürfnisse zu decken.
3. Du folgst beim Essen unsichtbaren Skripten, die dich deinem Ziel nicht näherbringen.

Das Problem an der Sache ist der unbewusste Part: Dass du aus den falschen Gründen gegessen hast – ohne dass dies ein „Ping" auf deinem Radar auslöst. Emotionales Essen ist keineswegs ungewöhnlich. Laut einer aktuellen Umfrage essen 40 Prozent der Frauen und 21 Prozent der Männer in Deutschland „schon mal aus Stress oder Frust".[5] Fakt ist: du kannst „emotionalen Hunger" gar nicht mit Lebensmitteln stillen. Das ist ein unbewusster, falscher Glaubenssatz! Vielleicht liefert dir das Essen ein kurzes emotionales „High". Aber letztendlich zeigt emotionaler Hunger das Bedürfnis nach etwas, das man durch Essen einfach nicht befriedigen kann. Wenn Stressessen für dich auch ein Thema ist, beginnt die Lösung immer an der gleichen Stelle: mit bewusster Achtsamkeit! Was ich damit meine? Dass du dir der Situationen bewusst wirst, in denen du bisher aus emotionalen Gründen gegessen hast. Über die du rückblickend zum Beispiel sagen kannst: „Ich war nicht hungrig, ich habe mich frustriert gefühlt." Und dann findest und „trainierst" du dir alternative Verhaltensweisen an. Denn wenn du weißt, dass Essen dein Thema nicht löst, nimmst du das Heft in die Hand. Du trainierst deine Gedanken wie einen Muskel. Hilfreich ist es dabei, wenn man emotionalen und physischen Hunger eindeutig voneinander zu unterscheiden lernt.

- Physischer Hunger entsteht allmählich. Vielleicht grummelt zuerst der Magen, bis das Hungergefühl irgendwann stechend stark ist. Dieser Hunger entwickelt sich normalerweise drei bis vier Stunden nach deiner letzten größeren Mahlzeit und wird durch Essen gestillt. Dabei reicht es, wenn du erst mal „irgendetwas Essbares" bekommst. Wenn es sein muss, kannst du physischen Hunger eine Zeit lang ertragen.
- Emotionaler Hunger entsteht plötzlich und kann jederzeit auftreten. Er richtet sich auf ein bestimmtes Lebensmittel (ohne stechendes Hungergefühl) und du hast das starke Bedürfnis, ihn sofort stillen zu müssen. Nach dem Essen bleibt der Hunger. Auch ein schlechtes Gewissen kann ein Zeichen für emotionales Essen sein.

Wie so oft gilt auch hier: Ausnahmen bestätigen die Regel. Aber die genannten Merkmale helfen dir in den meisten Situationen, körperlichen und emotionalen Hunger voneinander zu unterscheiden.

Mach mal P.A.U.S.E.: Befreie dich vom emotionalen Essen

So wie du idealerweise mit deinem Trainingsplan den Muskelaufbau förderst, gibt es auch ein System, mit dem du deine Gewohnheiten verändern kannst. Beide Methoden sind simpel, wenn du sie kennst. Aber so wie Muskeln nicht von heute auf morgen wachsen, veränderst du auch Gewohnheiten nicht von jetzt auf gleich. Ich habe die folgenden fünf Schritte entdeckt, mit denen du kontraproduktives, emotionales Essverhalten nach und nach hinter dir lassen, neue Essgewohnheiten verinnerlichen und neue unsichtbare Skripte etablieren kannst: Die P.A.U.S.E.-Formel.

Schritt 1: Präsenz

P **A** **U** **S** **E**

Die größte Hürde ist, dass du dir deiner Ernährungsgewohnheiten anfangs gar nicht bewusst bist. Anders formuliert: Du isst, ohne darüber nachzudenken. Natürlich hast du einen freien Willen und kannst bewusste Entscheidungen treffen – aber 95 Prozent deines alltäglichen Verhaltens laufen auf Autopilot und basieren auf deinen **Gewohnheiten.** Du musst nicht darüber nachdenken, wie dein Herz schlägt, wann welche Hormone ausgeschüttet werden oder deine Verdauung in Gang kommt – diese Prozesse steuert dein autonomes Nervensystem. Dein Unterbewusstsein ist in der Lage, diese komplexen Vorgänge zu steuern. Und es steuert auch dein Essverhalten, ohne sich dafür mit deinem Bewusstsein abzustimmen. Wenn zum Beispiel Frustessen ein unterbewusstes Verhalten geworden ist, musst du nicht mehr jedes Mal darüber nachdenken, was du tust, wenn du frustriert bist. Stattdessen hat dein Gehirn einen „Programmcode" installiert, in dem so etwas steht wie: „Wenn du dich frustriert fühlst, iss Schokolade."

Ich möchte dich bitten, dir die folgenden zwei Fragen zu beantworten: Welche Lebensmittel isst du am liebsten? Warum isst du sie gern? Viele meiner Klienten antworten: „Es schmeckt mir." Wenn ich dann weiter nachfrage, entdecken wir normalerweise konkrete Erinnerungen, die mit dem Lebensmittel verknüpft sind. „Wenn ich Eis esse, denke ich an meine Kindheit. Nach einem Sommertag am Strand gab es immer ein Eis mit heißen Kirschen. Das waren wunderbare Tage." In diesen Fällen ist Eis mit guten Gefühlen aus der Kindheit verknüpft: Familie, Sommer, Spaß und Leichtigkeit. Das Eis bringt diese schönen Gefühle wieder zurück. Weil Essgewohnheiten eine lange Historie haben können und unbewusst stattfinden, laufen sie so lange auf Autopilot weiter, bis du sie dir präsent machst und sie durch neue Gewohnheiten ersetzt. Einige Menschen bezeichnen das als bewusstes Essen und meinen damit das Gegenteil von impulsivem oder unbewusstem

Essen. Du schaffst sofort mehr Präsenz beim Essen, wenn du auf die folgenden zwei Dinge achtest. Erstens: Wenn du isst, isst du – Handy, Fernsehen, Computer … all das ist in dieser Zeit tabu. Zweitens: Du nimmst dir Zeit zum Essen.

Schritt 2: Achte auf die Trigger   **PAUSE**

Wir alle haben bestimmte Trigger (Auslöser) oder bestimmte „Knöpfe", auf die nur gedrückt werden muss, um emotionalen Hunger auszulösen. Die gängigsten emotionalen Trigger lassen sich in vier Kategorien einteilen: Gefühle, Orte, Menschen und Ereignisse.

In der folgenden Liste findest du die gängigsten Trigger. Geh die Liste durch und schreib dir diejenigen heraus, die für dich von Bedeutung sind. Ergänze anschließend weitere Auslöser, die nicht in der Liste stehen. Du wirst feststellen, dass du einige Trigger gut unter Kontrolle hast und andere nicht. Wenn du deine Trigger identifiziert und aufgeschrieben hast, entferne als Nächstes diejenigen von deiner Liste, die du bereits gut unter Kontrolle hast, indem du sie einfach durchstreichst. Was übrig bleibt, sind deine „Baustellen" – also diejenigen Situationen, in denen du besonders **achtsam** sein darfst.

Stress	Müdigkeit	der Kühlschrank
Einsamkeit	Übertraining	Geruch von Essen
Langeweile	Geldsorgen	Anblick von Essen
Wut	Beziehungsprobleme	Menschen bieten dir Essen an
Frust	Partys	Menschen essen in deiner Nähe
Trauer	Urlaub	bestimmter Zeitpunkt am Tag
sich ignoriert fühlen	Wetter	bestimmter Zeitpunkt im Monat
sich nicht geliebt fühlen	Buffets	Fernsehen
sich wertlos fühlen	Restaurants	ins Kino gehen
Arbeitsüberlastung	Essen in der Küche	jemand kocht für dich
Überforderung	Essen im Büro	weitere Möglichkeiten…

Schritt 3: Unterbrich negative Verhaltensmuster

PAUSE

Während du deine Achtsamkeit trainierst, entwickelst du dich mehr und mehr von einem unbewussten zu einem bewussten Esser. Damit hast du zunehmend die Gelegenheit, negative Verhaltensmuster rechtzeitig zu unterbrechen. Hinterfrage deinen „Appetit":

- Denke ich ans Essen, weil ich wirklich Hunger habe, oder tue ich es aus einem anderen Grund?
- Falls es kein physischer Hunger ist, warum denke ich gerade ans Essen?
- Welche unmittelbaren Konsequenzen hätte es, wenn ich das jetzt essen würde?
- Welche langfristigen Konsequenzen hätte es, wenn ich das jetzt essen würde?
- Welchen Vorteil hat es für mich, wenn ich jetzt darauf verzichte?
- Würde es mich näher an mein Ziel bringen, wenn ich jetzt essen würde – oder eher davon entfernen?
- Ist es das wirklich wert, jetzt zu essen?

Wichtig ist der Moment, in dem du den Impuls bemerkst, dem du früher nachgegeben und durch den angetrieben du kontraproduktiv gegessen hättest. Es ist der Moment, in dem du eine Entscheidung triffst – die Entscheidung, es anders zu machen. In solchen Momenten hilft dir der Gedanke: „Ich bin, was ich esse". Alles, woraus dein Körper besteht, hast du auf irgendeine Weise über die Nahrung zu dir genommen. Also gewöhne dir an, dir genau vorzustellen, wie du dich hinterher fühlen würdest und welche Konsequenzen es für dein Ziel hätte. Das Allerwichtigste ist die **Unterbrechung,** das Stoppschild vor deinem inneren Auge, das bewusste Nachdenken, bevor du isst. Unterbrich das alte Programm, indem du einfach „Stopp!" sagst. Oder „Warte!" oder „Halt!".

Schritt 4: Substituiere das alte emotionale Essverhalten

PAUSE

Es gibt immer konstruktive Wege, deine emotionalen Bedürfnisse zu erfüllen. Worauf hast du wirklich Appetit? Gemeinschaft? Liebe? Glück? Trost? Menschen, die ihr emotionales Essverhalten erfolgreich geändert haben, haben zwei Dinge gemeinsam: Sie haben verstanden, dass emotionales Essen ihr Bedürfnis nicht stillt. Und sie finden konstruktive Alternativen zum Essen, um ihre eigentlichen Bedürfnisse zu erfüllen.

So individuell unsere Bedürfnisse sind, so unterschiedlich sind auch die jeweiligen Alternativen. Worum geht es bei dir? Um Trauer, Frust, Müdigkeit oder Wut? Wenn du in Versuchung kommst, aus emotionalen Gründen zu essen, kann es sehr gut helfen, wenn du dich einfach ablenkst. Zum Beispiel, indem du spazieren gehst. Meiner Erfahrung nach funktionieren körperliche Dinge, leichte Bewegung oder Training oft besonders gut. Geist und Körper sind verbunden. Emotion folgt Bewegung. Wenn du dich bewegst, verändert sich das Gefühl. Probier's aus!

Schritt 5: Etabliere neue, konstruktive unsichtbare Skripte

PAUSE

Nach meiner Erfahrung verwenden fast alle Menschen, die fit, schlank und gesund sind, diese vier unsichtbaren Skripte – die in meinen Augen zu einem gesunden und glücklichen Leben dazugehören –, um in Balance zu bleiben sowie, zufrieden und erfolgreich schlank zu leben.

- **Essen ist Baustoff:** Beim Essen gebe ich meinem Körper seinen „Baustoff". Ich werde, was ich esse. Lebensmittel sind der Werkstoff, aus dem die Zellen, Organe und Gewebe meines Körpers aufgebaut sind.
- **Essen ist Treibstoff:** Die Energie, die ich habe, hängt mit der Qualität des Treibstoffs zusammen, den ich mir in Form von Lebensmitteln zuführe. Das ist ein mächtiges unsichtbares Skript, besonders für einen Menschen, der seine Fitness verbessern möchte. Ich habe bisher niemanden kennengelernt, der fit ist und diesen Glaubenssatz nicht verinnerlicht hat.
- **Essen ist Nährstoff:** Nährstoffreiche Lebensmittel geben mir alles, was ich benötige, um bei perfekter Gesundheit zu sein.
- **Essen hält den Stoffwechsel am Laufen:** Wenn ich regelmäßig nährstoffreiche Lebensmittel esse, halte ich meinen Stoffwechsel am Laufen wie einen heißen Ofen.

Wenn du dir diese unsichtbaren Skripte zu eigen machst, veränderst du deine Einstellung zum Essen nachhaltig. Vielleicht ist dir aufgefallen, dass die vier Glaubenssätze nicht emotional sind. Ihre wesentliche Aussage ist folgende: „Es sind nur Lebens-Mittel." Die Gefühle, die wir so oft mit Essen verbinden, bleiben außen vor. Allerdings hat die Sache auch einen Haken: Diese vier unsichtbaren Skripte helfen dir dabei, dein Essverhalten und damit deinen Körper zu verändern. Sie machen es dir leicht, nackt gut auszusehen. Aber weil ihnen die Emotionen fehlen, würdest du auf einige schöne Dinge verzichten, die in meinen Augen zu einem gesunden und glücklichen Leben dazugehören. Du darfst also die richtige Balance finden. Dabei helfen dir die folgenden zehn Skripte.

Deine zehn neuen Skripte für ein Leben in schlanker Balance

1. Es ist okay, aus Genuss oder zu besonderen Anlässen zu essen, so lange ich bewusst genieße und mich im Rahmen der Vorgaben bewege, die ich mir im Voraus setze und die es mir ermöglichen, meine Ziele zu erreichen.
2. Meine unsichtbaren Skripte über Lebensmittel und die Gründe, aus denen ich esse, sind mir voll und ganz bewusst.
3. Wenn ich mich gestresst fühle oder traurig bin, finde ich alternative Wege, mit diesen Gefühlen umzugehen.
4. Gesunde Lebensmittel, die mir dabei helfen, Fett zu verbrennen und Muskeln aufzubauen, können auf viele leckere Arten zubereitet werden.
5. Ich weiß, dass Essen ein Teil des Lebens ist, für den es sich zu leben lohnt. Wenn ich mir Lebensmittel, die ich liebe, vollständig verbiete, ist das auf lange Sicht kontraproduktiv.
6. Ich muss nicht perfekt sein. Wenn mindestens 90 Prozent meiner Mahlzeiten aus gesunden, natürlichen Lebensmitteln bestehen, werde ich gute Fortschritte machen.
7. Wenn ich mir Ziele setze und Regeln aufstelle, dann gibt es keine „verbotenen" Lebensmittel. Solange ich meine Energiebilanz im Auge behalte und moderate Mengen verzehre, kann ich trotzdem meine Lieblingsspeisen weiter essen – und dennoch nackt gut aussehen.
8. Ich weiß, dass ich mich, wenn ich schnellere und bessere Fortschritte machen möchte, mehr an meine Vorgaben halten darf. Ich bin bereit zu tun, was getan werden muss.
9. Alles, was ich esse, beeinflusst meinen Körper. Aber ich weiß, dass das, was ich nur ab und zu esse, mich nicht so sehr beeinflusst.
10. Was ich regelmäßig und aus Gewohnheit esse, hat den größten Einfluss auf meinen Körper. Daher achte ich besonders auf die Dinge, die ich täglich esse. Ich verstehe und respektiere die Macht meiner Gewohnheiten.

So simpel die P.A.U.S.E.-Formel auch ist – du wirst nur dann erfolgreich sein, wenn du erstens: tatsächlich **anfängst** und zweitens: **dranbleibst.** Verlass deine Komfortzone und geh jeden Tag zumindest einen winzigen Schritt auf dein Ziel zu! Fang jetzt gleich an und gehe den ersten Schritt. Überleg dir ein Beispiel für emotionales Essen, das du verändern möchtest, und beantworte die folgenden Fragen:

- Was ist das alte Verhaltensmuster, das du ändern willst? In welchen Situationen hast du emotional gegessen?
- Was sind mögliche Trigger für dieses Verhalten? Nimm dazu die Liste (siehe Seite 45) zu Hilfe.
- Durch welches neue Verhalten willst du dein altes Muster ersetzen?

Wenn du dich gesund ernähren willst, triffst du die Entscheidung, einige Dinge seltener zu essen. Lass uns kurz überlegen, wie du das in die Tat umsetzt. Einfach weglassen? Stell dir vor, deine Lebensmittel bilden die Mannschaft in einem Fußballturnier und du bist der Coach. Du siehst, wie einer der Spieler die gute Arbeit seiner Mannschaft wieder und wieder zunichtemacht. Der Sieg rückt in weite Ferne. Also schickst du ihn auf die Ersatzbank. Nun hast du aber einen Spieler zu wenig auf dem Feld. Das macht die Sache nicht unbedingt leichter. Ergo: Lebensmittel einfach wegzulassen, ist nicht immer die beste Strategie. Eine solche Lücke schreit gerade danach, wieder gefüllt zu werden. Gut, wenn du eine intelligente Entscheidung triffst, die dein Team stärkt. Welche das sein könnte, liest du im nächsten Kapitel.

Tipp: Unter **www.lgnbuch.de** findest du eine Übersicht der Lebensmittel, die du in deinen Ernährungsplan einwechseln kannst, wenn du andere „Spieler" vom Feld genommen hast.

3

AUSGEWOGENE ERNÄHRUNG

Macht Fett mich fett? Ist Eiweiß gut für mich?
Muss ich auf bestimmte Nahrungsmittel verzichten?
Und wie sieht es mit Alkohol aus? Auf den folgenden Seiten
findest du viele Antworten — und Rezepte, die du im Handumdrehen
nachkochen kannst und mit denen du rundum gesund genießt.

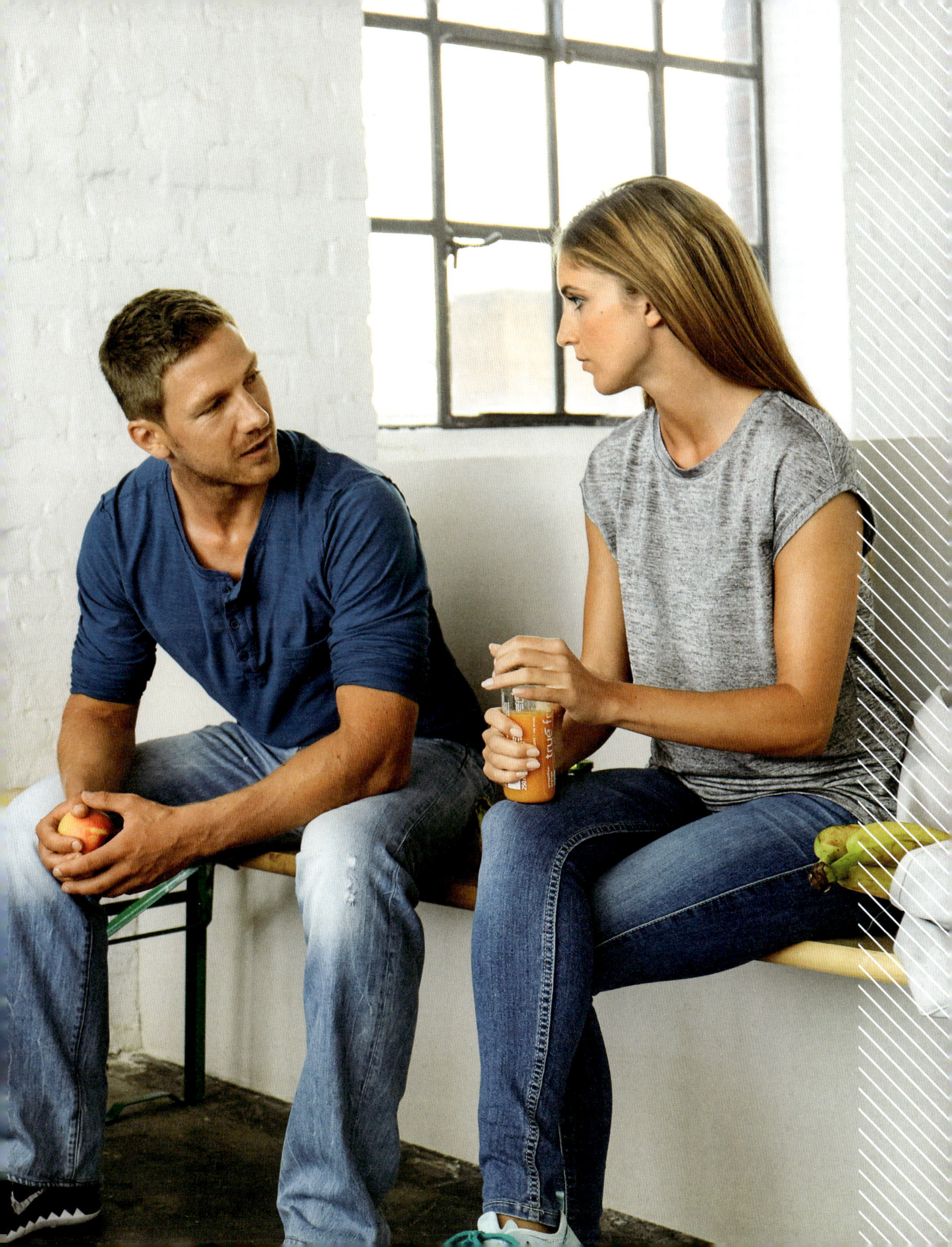

WICHTIGE ERNÄHRUNGSFAKTEN

Vegan, Paleo, intermittierendes Fasten: Welche Ernährung ist die richtige? Der Ernährungsstil ist inzwischen – wie die neueste Mode – für viele Menschen zum Identifikationsmerkmal geworden. Und wie in der Mode ändern sich inzwischen auch die Ernährungstrends von Saison zu Saison. Wenn du weißt, was eine gesunde Ernährung wirklich ausmacht – unabhängig von den Schubladen, deren Bezeichnungen oft einfach nur gutes Marketing sind – dann wirst du die aktuellen Trends mit einem entspannten Blick sehen. Paleo, vegetarische, High-Carb- oder Low-Carb-Ernährung – jede dieser Methoden habe ich in den vergangenen Jahren ausprobiert. Geschmeckt haben sie mir alle! Aber die wesentliche Erkenntnis ist folgende: **Die** einzige, absolut beste, über alle Zweifel erhabene, richtige Ernährung für alle Menschen, die ihnen immer optimale Ergebnisse liefert – die gibt es nicht! Aber es gibt einige grundlegende Dinge, die du wissen solltest. In diesem Kapitel habe ich sie für dich zusammengestellt. Gleich zu Anfang möchte ich dir ein paar Tipps geben, wie du den Überblick über deine Ernährung behältst.

DAS ERNÄHRUNGSTAGEBUCH

Ein Ernährungstagebuch ist ein wichtiges und funktionierendes Feedbacksystem. Ich empfehle es allen meinen Klienten, und zwar aus den folgenden sechs Gründen:

1. Du hast ein klares Bild über deine Energieaufnahme.
2. Wenn du parallel deinen Körperbau trackst (siehe Seite 114), kannst du auf deinen Energieverbrauch rückschließen.
3. Ein Ernährungstagebuch hilft, dir deiner Ernährungsgewohnheiten bewusst zu werden.
4. Solltest du vom Kurs abkommen und zu wenig oder zu viel Energie aufnehmen, kannst du schnell Korrekturen vornehmen.
5. Bei vielen Menschen führt allein das tägliche Tracken dazu, dass sie Fett abbauen!
6. Drei Minuten pro Tag reichen aus. Damit ist das Ernährungstagebuch eine der effektivsten Fettabbau-Maßnahmen überhaupt.

Gerade am Anfang deiner Abnehmphase hilft es dir, wenn du deine Kalorienzufuhr „trackst", also misst und überwachst. Alternativ zum guten alten Notizbuch gibt es inzwischen simple Online-Vorlagen und Apps. Wer wenigstens einmal im Leben ein Ernährungstagebuch geführt hat, ist meist begeistert, wie groß der Lerneffekt durch diese einfache Gewohnheit ist. Du wirst Erfahrungen für dich mitnehmen, die weder Bücher noch vorgefertigte Ernährungspläne offenbaren können.

So geht's: Du trägst alle Lebensmittel mit Gewicht in eine Tabelle ein. Dann ergänzt du Makronährstoffe (Eiweiß, Fett, Kohlenhydrate) und Kalorien, die du aus einer gedruckten oder digitalen Nährwerttabelle heraussuchst. Mittlerweile gibt es dazu umfassende Online-Nährwert-Datenbanken und Apps. Entweder du protokollierst die Lebensmittel kurz vor oder nach jeder Mahlzeit. Oder du notierst den gesamten Tag einmal nach dem Abendessen. Idealerweise planst du die nächsten Tage im Voraus und korrigierst dann nur noch die Abweichungen. Am Ende des Tages schaust du auf deine Notizen: Hast du dein Ziel erreicht oder nicht? Wie fühltest du dich den Tag über? Gibt es etwas, das du morgen anders machen willst?

Das regelmäßige Feedback hilft dir, Tag für Tag klitzekleine Anpassungen zu machen. So erreichst du dein Ziel und entwickelst Essgewohnheiten, die dich langfristig erfolgreich machen. Ein Ernährungstagebuch ist die simpelste Möglichkeit für direktes Feedback. Daher sind diese drei Minuten am Tag eine der besten Investitionen in deinen Körper.

EIWEISS: DER SCHLANKMACHER

Die meisten Menschen wissen intuitiv ganz gut, welche Lebensmittel ungesund sind. Eine leckere und ideale Looking-Good-Naked-Mahlzeit besteht aus einer mageren Proteinquelle als Basis, ergänzt mit einer oder zwei natürlichen Kohlenhydratquellen und wenig gesunden Fetten. Erst wenn du eine Idee davon hast, wie hoch der Kalorien-, Kohlenhydrat-, Fett- und Eiweißgehalt eines Lebensmittels ist, kannst du beim Kochen beziehungsweise am Esstisch smartere Entscheidungen treffen.

Protein ist der wichtigste Makronährstoff! Das Wort „Protein" kommt aus dem Griechischen und bedeutet übersetzt „das Erste" oder auch „das Wichtigste". Wir Menschen bestehen zu 20 Prozent aus Proteinen, die sich aus Aminosäuren zusammensetzen. Fast die Hälfte davon kann unser Körper nicht selbst herstellen. Daher müssen wir sie regelmäßig in Form von Fisch, Eiern, Fleisch, Milch, Hülsenfrüchten und anderen Nahrungsmitteln zu uns nehmen. Eine moderne Alternative ist ein Shake aus hochwertigem Proteinpulver.

Dabei ist Eiweiß nicht gleich Eiweiß, entscheidend ist die biologische Wertigkeit. Dein Körper kann aus tierischem Eiweiß einfacher Körperzellen herstellen als aus pflanzlichem. Und so wird die Wertigkeit von Eiweiß in einem Lebensmittel angegeben: Das Ei ist sozusagen das Referenzprotein und hat eine biologische Wertigkeit von 100. Ein Steak dagegen hat eine Wertigkeit von 83, Kidneybohnen von 73. Eine biologische Wertigkeit von 100 bedeutet übrigens nicht, dass 100 Prozent der Aminosäuren umgesetzt werden. Daher können beim geschickten Zusammenstellen einer Mahlzeit auch Werte über 100 erreicht werden, zum Beispiel durch die Kombination verschiedener Lebensmittel. Milch und Weizenmehl haben zusammen beispielsweise eine biologische Wertigkeit von 125. Leider enthält diese Kombination aber auch viele Kohlenhydrate und die landen dann schnell auf den Hüften. Besser ist deshalb oft ein hochwertiges, kohlenhydratarmes Proteinpulver. Ich verwende ein Whey- oder Mehrkomponenten-Protein, das eine biologische Wertigkeit von über 135 hat. Es ist wichtig, dass du genug Eiweiß zu dir nimmst. Denn wenn es fehlt, signalisiert dir dein Körper so lange Hunger, bis sein Eiweißbedarf endlich gedeckt ist. In der Wissenschaft wird dieser Mechanismus Protein-Hebeleffekt genannt. Du kannst dir vorstellen, dass es ziemlich schwierig wird, mit einer eiweißarmen Diät abzunehmen, da hierbei dein Körper permanenten Hungeralarm auslöst. Eiweiß hat viele positive Auswirkungen auf deinen Körper: Es steigert deine Lebensenergie, verschafft inneren Antrieb, beschleunigt die Regeneration und produziert Glückshormone. Eiweiß stimuliert das Immunsystem, verstärkt die Durchblutung, macht wach und potent.

Das passiert, wenn du Eiweiß isst

Wird Eiweiß aufgenommen, wird es zuerst in seine Bestandteile zerlegt, die Aminosäuren. Der menschliche Körper benötigt insgesamt 22 verschiedene Aminosäuren, um richtig zu funktionieren und neue Strukturen aufzubauen. Nicht alle Aminosäuren sind in allen natürlichen Eiweißquellen enthalten. Aus Aminosäuren können Hormone, Enzyme und Neurotransmitter entstehen. Das Protein „Neurexin" ist beispielsweise dafür verantwortlich, dass Nervenzellen in unserem Gehirn aufgebaut werden und die richtigen Verbindungen eingehen. Fehlen bestimmte Stoffe dauerhaft in der Ernährung, funktioniert das Gehirn nicht richtig. Das kann Stimmung und Denkvermögen enorm beeinträchtigen.

Eine gute Faustregel, die in der Fachliteratur als sicher bestätigt gilt: Zwischen 0,8 und 2,5 Gramm hochwertiges Protein pro Kilogramm Körpergewicht sollte man zu sich nehmen. Dabei ist es egal, ob du das Eiweiß über den Tag verteilt oder zu einer Mahlzeit zu dir nimmst. Um Muskelaufbau zu ermöglichen, empfehle ich mindestens zwei Gramm pro Kilogramm Körpergewicht. Ein Beispiel dazu: Eine 60 Kilogramm schwere Frau sollte mindestens 120 Gramm Eiweiß pro Tag zu sich nehmen, um Muskulatur aufzubauen.

Mit diesen Richtwerten liegst du richtig:

- Muskelaufbau: täglich zwei Gramm Protein pro Kilogramm Körpergewicht
- Ausdauersport (zum Beispiel Radsport, Langstreckenlauf, Triathlon): täglich zwei Gramm Protein pro Kilogramm Körpergewicht
- Fettabbau: täglich 2,5 Gramm Protein pro Kilogramm Körpergewicht

55 natürliche Proteinquellen

Es gibt neun essenzielle Aminosäuren, die unentbehrliche Nahrungsbestandteile sind. Dazu gehören Tryptophan, Phenylalanin, Lysin, Methionin, Isoleucin, Leucin, Valin, Threonin und Histidin. Daneben gibt es noch bedingt essenzielle Aminosäuren, die der Körper selbst bilden kann. Durch sehr hohe körperliche Belastungen (auch bei intensivem Sport), Infekten oder Krankheiten können jedoch Versorgungsengpässe entstehen. Die nicht-essenziellen Aminosäuren schließlich sind entbehrlich, da der Körper sie in ausreichender Menge aus den anderen Aminosäuren herstellen kann. Damit der Bedarf an den essenziellen Aminosäuren zuverlässig gedeckt ist, gehören ausreichend vollständige Proteinquellen auf deinen Speiseplan.

- **Vollständige Proteinquellen:** Das sind Lebensmittel, die alle neun essenziellen Aminosäuren in ausreichender Menge enthalten. Die meisten davon sind Lebensmittel tierischen Ursprungs, also Fleisch, Fisch, Milchprodukte (Milch, Joghurt, Molke) und Eier. Es gibt auch einige pflanzliche Eiweißquellen, die sämtliche essenziellen Aminosäuren enthalten, etwa Quinoa, Buchweizen, Hanf- und Chia-Samen, Spirulina und Sojaprodukte.
- **Unvollständige Proteinquellen:** Sie enthalten die neun essenziellen Aminosäuren nicht in ausreichender Menge, um unseren Körper ausreichend mit Protein zu versorgen. Eiweiße aus unvollständigen Proteinquellen müssen wir daher mit anderen Eiweißen kombinieren. Hier einige Beispiele für unvollständige Eiweißquellen: Nüsse und Samen, Hülsenfrüchte, Getreide und verschiedene Gemüse. Nur weil diese Proteinquellen unvollständig sind, sind sie aber keineswegs minderwertig. Werden sie richtig kombiniert, ist der Körper mit den nötigen Proteinen gut versorgt.

Pflanzliche oder tierische Proteinquellen?

Unter dem Strich gilt: Wir Menschen können in der Regel sowohl tierische als auch pflanzliche Eiweißquellen gleichermaßen gut vertragen. Beide haben Vor- und Nachteile – die wichtigsten habe ich hier zusammengetragen:

- Der größte Nachteil tierischer Proteine ist der folgende: Die Aminosäuren beinhalten tendenziell mehr Schwefel und bilden daher ein saures Milieu im Körper. Normalerweise ist das völlig unproblematisch, wenn du ausreichend basisch wirkende Lebensmittel wie Obst und Gemüse isst. Bei einer einseitigen Ernährung gleicht der Körper den pH-Wert allerdings aus, indem er seine Kalziumspeicher entleert.
- Der größte Nachteil pflanzlicher Proteine ist, dass die meisten unvollständig sind. Es erfordert etwas mehr Planung und Aufwand, die Aminosäuren so zu kombinieren, um auch bei Verzicht auf tierische Eiweißquellen vollständig versorgt zu sein.

Wie hoch ist der EQ deines Essens?

Viele Menschen, die ihren Körper verändern, gesund und leistungsfähig sein wollen, achten auf den Proteingehalt ihrer Lebensmittel – und das ist toll! Dennoch übersehen viele, dass auch bei Proteinen die Qualität ebenso eine Rolle spielt wie die Quantität. Gerade beim Abnehmen willst du auf magere Eiweißquellen setzen: Lebensmittel, die viel Protein liefern, aber keine Kalorienbomben sind. Hier kommt der Eiweiß-Quotient (EQ) ins Spiel. Der EQ, zeigt dir, wie viel Gramm Eiweiß ein Lebensmittel liefert, wenn du 100 Kilokalorien davon isst. Salopp gesagt: Je höher der EQ, desto mehr Eiweiß. Da ein Gramm Eiweiß etwa vier Kalorien liefert, liegt der größtmögliche EQ bei 25 – das ist reines Eiweiß. Die ultimative Tabelle eiweißhaltiger Lebensmittel mit allen Angaben findest du zum Download auf meiner Website unter: **www.lgnbuch.de**

DIE WAHRHEIT ÜBER FETT

In den 1980er-Jahren haben westliche Ernährungsinstitute ganze Arbeit geleistet: „Fett macht fett". Das glaubt seitdem jedes Kind. Die Folge: In den Supermarktregalen finden wir heute Tausende fettreduzierter Lebensmittel. Noch nie war eine fettarme Ernährung so einfach wie heute. Und noch nie gab es so viele übergewichtige Menschen wie heute.

Einige Menschen haben inzwischen verstanden, wie wichtig Fett zum Abnehmen, im Muskelaufbau und für die allgemeine Fitness ist. Fett ist eine echte Geheimwaffe. Du brauchst alle drei Makronährstoffe, aber Fett wird definitiv am meisten unterschätzt. Während dein Körper Kohlenhydrate zur Not selbst herstellen kann, musst du Proteine und auch Fett über die Nahrung aufnehmen, um zu überleben. Fett ist nicht gleich Fett. Es geht um die Qualität. Die Kunst liegt darin, die einzelnen Fette optimal miteinander zu kombinieren – das heißt, gesättigte, einfach ungesättigte und mehrfach ungesättigte Fette im richtigen Verhältnis aufzunehmen.

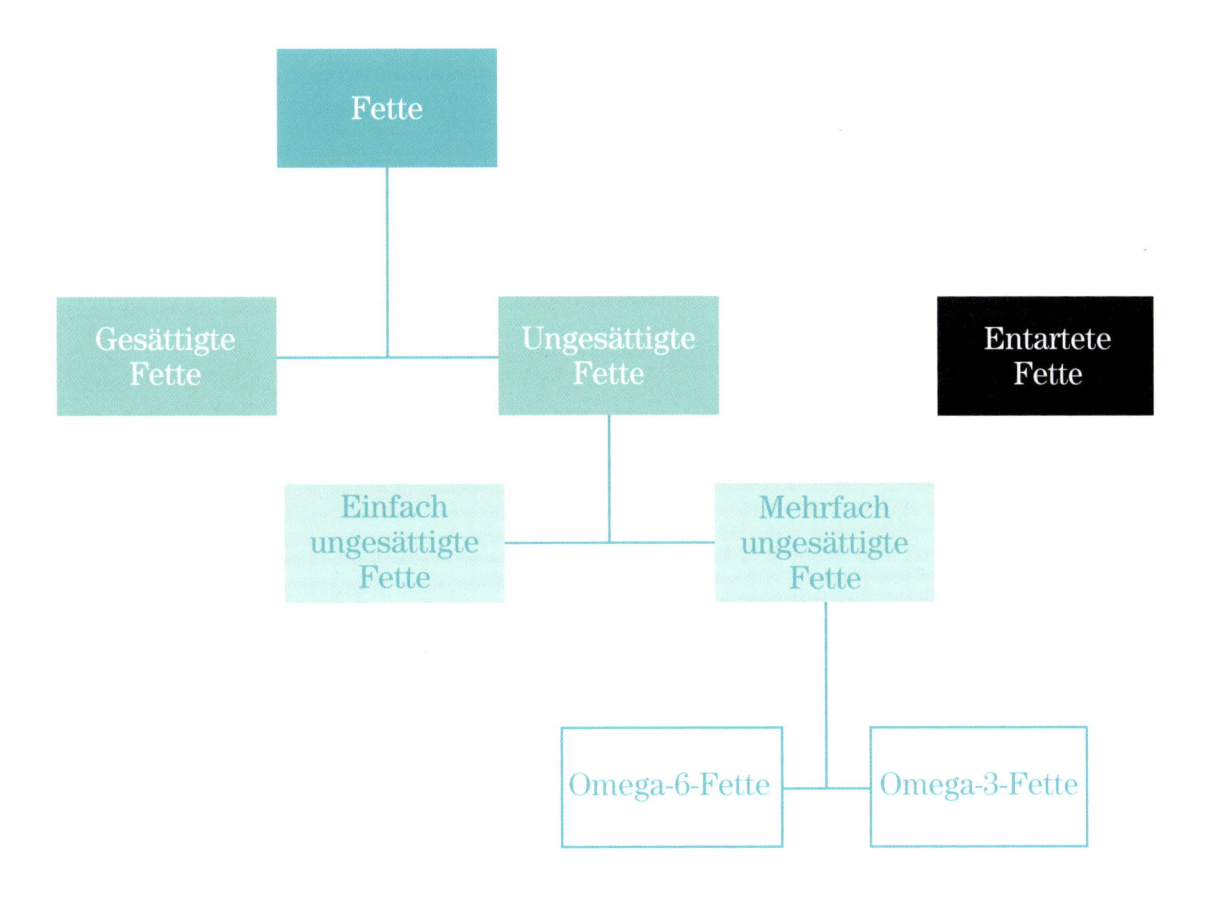

```
                    ┌──────────┐
                    │  Fette   │
                    └────┬─────┘
         ┌───────────────┴───────────────┐
   ┌──────────┐                   ┌──────────────┐        ┌────────────┐
   │ Gesättigte│                  │ Ungesättigte │        │ Entartete  │
   │   Fette   │                  │    Fette     │        │   Fette    │
   └──────────┘                   └──────┬───────┘        └────────────┘
                          ┌──────────────┴──────────────┐
                   ┌──────────────┐            ┌──────────────┐
                   │   Einfach    │            │   Mehrfach   │
                   │ ungesättigte │            │ ungesättigte │
                   │    Fette     │            │    Fette     │
                   └──────────────┘            └──────┬───────┘
                                        ┌────────────┴────────────┐
                                  ┌──────────────┐        ┌──────────────┐
                                  │ Omega-6-Fette│────────│ Omega-3-Fette│
                                  └──────────────┘        └──────────────┘
```

Fette Vielfalt: Welche Fette gibt es?

Wenn du optimal versorgt sein willst, solltest du die verschiedenen Fette kennen. Nur so kannst du im Supermarkt und am Esstisch die richtige Entscheidung treffen. Jede Fettsäure hat ihre Eigenarten. Und mit einer Ausnahme sind sie alle lebenswichtig. Eine ausführliche Übersicht einer Vielzahl von Lebensmitteln, die dir gesunde Fette liefern, habe ich dir unter folgendem Link zusammengestellt: **www.lgnbuch.de**

1. Nichtessenzielle gesättigte Fette

Gesättigte Fette sind nichtessenziell, unser Körper kann sie also selbst herstellen. Weil man früher einen Zusammenhang zwischen gesättigten Fetten und Herz-Kreislauf-Erkrankungen vermutete, wurden umfangreiche wissenschaftliche Studien dazu durchgeführt.[6] Keine dieser Studien konnte den Zusammenhang bestätigen. Tatsächlich sind Lebensmittel, die von Natur aus reich an gesättigten Fetten sind, meist sehr gesund und eignen sich gut zum Kochen. Fettreiche Milchprodukte, am besten von Weidekühen (Butter, Käse, Vollfett-Milch, Speisequark ...), Bio-Eier, Kokosmilch und -öl sind sehr gesunde Lieferanten nichtessenzieller gesättigter Fette.

2. Essenzielle ungesättigte Fette

Essenzielle Fette sind lebenswichtig und dein Körper kann sie nicht selbst herstellen. Daher müssen wir ungesättigte Fette über die Ernährung zu uns nehmen. Essenzielle Fette heben deinen HDL-Spiegel an - das „gute" Cholesterin. Damit unterstützen sie dich bei der Fettverbrennung, fördern die Gesundheit und Leistungsfähigkeit des Nervensystems. Es gibt einfach und mehrfach ungesättigte Fette: Die einfach ungesättigten sind dabei ebenso wichtig wie die Omega-6- und Omega-3-Fette, die für uns relevanten mehrfach ungesättigten Fette.

Omega-3-Fette: Sie verhelfen dir zu größeren Muskeln, weniger Körperfett und senken das Risiko für beinahe jede Krankheit. Wichtig sind insbesondere zwei Omega-3-Fette, die vor allem in fettem Seefisch enthalten sind: Docosahexaensäure (DHA) und Eicosapentaensäure (EPA). Du brauchst beide, um gesund zu bleiben, aber DHA ist der Superstar. DHA und EPA sind zwei echte Teamplayer, die gemeinsam dafür sorgen, dass dein Körper Hormone ausschütten kann, die dich schlank und stark machen. Um gut damit versorgt zu sein, sollte ein- bis zweimal pro Woche fetter Seefisch auf deinem Speiseplan stehen. Alternativ kannst du auch auf Fischölkapseln zurückgreifen.

Omega-6-Fette: Der zweite Typ mehrfach ungesättigter Fette sind Omega-6-Fette. Soja- und Pflanzenöle sind beispielsweise sehr reich an Omega-6-Fetten. Du findest sie aber in fast allen fetthaltigen Lebensmitteln. Es gibt eine spezielle Omega-6-Fettsäure, auf die du bewusst achten solltest: Gamma-Linolensäure, kurz GLA. Sie hat eine entzündungshemmende Wirkung und Wissenschaftler vermuten, dass sie gegen Krebs wirkt. In der Natur findest du GLA am höchsten konzentriert in Nachtkerzen- und Borretschöl.

Einfach ungesättigte Fette sind wichtig für die Testosteronproduktion (Testosteron ist nicht nur für Männer, sondern auch für Frauen wichtig). Glücklicherweise ist es leicht, genug von diesen zu bekommen. Eine Handvoll Nüsse am Tag genügt, wenn Fleisch und andere tierische Proteine fester Bestandteil deiner Ernährung sind. Eine gute Alternative für Vegetarier und Veganer ist die Avocado – ein tolles Upgrade für deinen Salat.

Unbedingt vermeiden: Transfette

Transfette entstehen in der industriellen Fertigung durch das Härten und Raffinieren von Pflanzenölen. Dadurch entstehen teilgehärtete Fette, die wir in vielen Fertigprodukten, Plätzchen, Kuchen, Backwaren, Schokobrotaufstrichen, Fast Food und vor allem in Frittiertem finden.[7] Für die Industrie sind Transfette extrem praktisch, da sie die Produkte haltbar machen. Deklariert werden müssen sie nur als „Pflanzenfett". Das klingt ungefährlich – aber der Schein trügt. Transfette sind gesundheitsschädlich und sollten möglichst gar nicht aufgenommen werden. Du kannst den Transfett-Anteil in deiner Nahrung minimieren, wenn du auf hoch verarbeitete Lebensmittel verzichtest und stattdessen auf möglichst naturnahe Lebensmittel setzt.

So kommst du ab heute zum guten Fett

Das richtige Fett ist beim Abnehmen, im Muskelaufbau und für deine Gesundheit wichtig. Du kannst recht einfach sicherstellen, dass du gut versorgt bist:

- Integriere die genannten gesunden Fettlieferanten in deine tägliche Ernährung. Weitere Ideen und Empfehlungen findest du auf: www.lgnbuch.de
- Vermeide gesundheitsschädliche Transfette, indem du auf stark verarbeitete Lebensmittel verzichtest.

- Achte darauf, dass die beiden Omega-3-Fettsäuren DHA und EPA ausreichend in deinem Team mitspielen: Entweder in Form von fettem Fisch (200 Gramm pro Woche) oder täglich als Nahrungsergänzungsmittel.
- Zusätzlich kannst du die Omega-6-Fettsäure GLA supplementieren.

KOHLENHYDRATE: DICKMACHER ODER POWERFOOD?

„Wie viele Kohlenhydrate brauchst du, um nackt gut auszusehen?" das werde ich häufiger von meinen Klienten gefragt. Was Kohlenhydrate angeht, herrscht recht große Verunsicherung – nicht zuletzt aufgrund des Trends zu „Low Carb". Vielen Menschen fällt es am leichtesten, ihr Körperfett durch eine naturbelassene Low-Carb-Ernährung zu reduzieren. Weil der Blutzuckerspiegel stabil bleibt, sinkt das Risiko, Heißhunger zu bekommen. Ein niedriger Insulinspiegel bremst das Einspeichern von Fett.

Aber nicht alle Kohlenhydrate sind gleich. Grundsätzlich unterscheidet man vier unterschiedliche Kohlenhydratquellen:

- Nicht-stärkehaltige Kohlenhydrate – die darfst du reichlich essen.
- Obst und natürliche einfache Kohlenhydrate – am besten moderat essen.
- Vollkorn und natürliche Stärke – wenig bis moderat essen.
- Verarbeitete Kohlenhydrate – auf diese am besten verzichten: raffinierter Zucker (Saccharose), Weißmehl, Maissirup, Fruktose-Glukose-Sirup und andere hoch verarbeitete Zuckerkonzentrate.

Besser meiden: Industriell hergestellte Kohlenhydrate

Industriell hergestellte Kohlenhydrate haben eine sehr geringe Nährstoffdichte. Deshalb werden sie auch „leere Kalorien" genannt. Und sie sorgen für Fettpolster, denn einfach gesagt ist es so: Zucker und Weißmehl werden schnell in verwertbare Energie umgewandelt – wenn dein Körper sie nicht sofort verbrauchen kann, wirst du dicker. In deinem Blutkreislauf schwimmen kleine Zucker- (Glukose) und Fettmoleküle (Triglyzeride). Und leider fällt es deinem Körper viel leichter, Blutzucker anzuzapfen, als Fett. Allerdings kann dein Blutkreislauf nicht genügend Glukose speichern, um die Energieversorgung für mehrere Stunden zwischen zwei Mahlzeiten zu überbrücken. Wenn der Blutzuckerspiegel sinkt, wendet sich dein Körper der nächsten Energiequelle zu: den Kohlenhydraten, die er in Form von Glykogen in deinen Muskeln und deiner Leber gespeichert hat. Auch diese Energiespeicher – Glykogenspeicher genannt – wird er niemals völlig entleeren, denn er kontrolliert sie sehr sorgsam. Erst, wenn die Glykogenreserven zur Neige gehen, kommt der dritte Energietank ins Spiel: die Fettzellen. Und erst zuletzt wird dein Muskelprotein zur Energiegewinnung herangezogen. Dieser letzte Schritt bedeutet Muskelabbau – das willst du vermeiden.

Kohlenhydrate kommen außerdem auch in unterschiedlichen Zusammensetzungen vor:

Einfache Kohlenhydrate werden sehr schnell im Körper in Energie umgewandelt. Dazu gehören beispielsweise Zucker, Kartoffelstärke und Mehl. Die Krux: Werden Kohlenhydrate über das Blut in die Zellen aufgenommen und dort als Energie bereitgestellt – und diese Energie wird nicht genutzt –, dann befüllt dein Körper zunächst die (begrenzten) Energiespeicher in Muskeln und Leber. Sind diese voll, wandelt er die überschüssige Energie in Fett um.

Komplexe Kohlenhydrate sind zum Beispiel in Haferflocken, Vollkornreis, Quinoa, Kartoffeln oder Hülsenfrüchten enthalten. Da dein Körper sie zunächst einmal in einfache Kohlenhydrate zerlegen muss, gelangt die aus ihnen gewonnene Energie erst nach und nach ins Blut und sättigt länger.

Perfektes Timing: Wann du Kohlenhydrate essen solltest

Kommen wir kurz zum Hormon Insulin, denn es spielt eine der Hauptrollen im Kohlenhydrat-Theater. Wenn du deinem Körper weniger Kohlenhydrate zuführst, produziert er weniger Insulin. Und das bedeutet: weniger Fettspeicherung. Insulin ist ein wichtiger Fluglotse in deinem Körper. Es regelt den Verkehr in deiner Blutbahn. Seine oberste Priorität ist es, dein Blut immer transportfähig zu halten. Wenn nach einer Mahlzeit Nährstoffe in deinem Blut ankommen, dann sorgt Insulin dafür, dass diese dort schnell wieder verschwinden – und schafft damit Platz für Nachschub.

Immer dann, wenn du Kohlenhydrate isst, wird Insulin ausgeschüttet. Zwar steigt der Insulinspiegel auch, wenn du Protein und Fett zu dir nimmst, aber bei Weitem nicht so stark. Falls du dazu neigst, in der Körpermitte Fett anzulagern, kannst du mit Sicherheit davon ausgehen, dass dein Körper zu viel Insulin produziert.

Die Menge an Insulin, die dein Körper produziert, steigt mit zwei Faktoren: mit der Menge an Kohlenhydraten, die du isst, und abhängig davon, wie schnell diese Kohlenhydrate dein Blut erreichen. Bei der Aufnahme von Kohlenhydraten spielt auch der Zeitpunkt eine Rolle. Vereinfacht gesagt: Iss die falschen Kohlenhydrate zur falschen Zeit und du wirst fett. Iss die richtigen Kohlenhydrate zur rechten Zeit – und du baust leichter Muskeln auf und schneller Fett ab. Es gibt zwei Zeitpunkte am Tag, an denen du Kohlenhydrate und Protein optimal in deine Muskeln bekommst: beim **Frühstück,** also der ersten Mahlzeit des Tages – und direkt **nach deinem Workout.** Zu diesen Zeiten lechzt dein Muskelgewebe geradezu nach Kohlenhydraten. Gerade, wenn du Muskeln aufbauen möchtest, solltest du diese beiden Zeitfenster nutzen. Insulin schadet zu anderen Zeiten des Tages mehr, als es nützt: Dann schiebt es die Nährstoffe nämlich bevorzugt in deine Fettzellen. Mit der richtigen Strategie kommt dein Körper dann an die Energie heran, wenn du sie wirklich brauchst. Nimm zur ersten Mahlzeit und nach dem Training am besten schnelle Kohlenhydrate auf, zum Beispiel Bananen und Rosinen. Zu jedem anderen Zeitpunkt solltest du nur solche Kohlenhydrate essen, die sehr langsam verdaut werden. Das sind solche mit einem hohen Ballaststoffanteil wie Gemüse und Hülsenfrüchte. Weil komplexe Kohlenhydrate nur langsam ins Blut gehen, produziert dein Körper dann deutlich weniger Insulin. Je niedriger der Insulinspiegel, desto weniger Nährstoffe werden aus deinem Blut in die drei Energiespeicher abgezogen. Damit werden nach und nach einige in den Muskeln landen, einige in der Leber und nur wenige in deinen Fettzellen.

Die einfachste Möglichkeit, deine Verdauung zu verlangsamen und damit auch die Insulinproduktion zu drosseln, ist es, Fett und Eiweiß in jede Mahlzeit mit Kohlenhydraten einzubeziehen. Fett und Eiweiß werden langsamer verdaut und machen länger satt. Es gibt nur eine Ausnahme: Die Mahlzeit direkt nach dem Training, bei der du die Verdauung beschleunigen möchtest.

In welchen Lebensmitteln stecken gute Kohlenhydrate?

Eine Übersicht von Lebensmitteln mit guten Kohlenhydraten findest du auf **www.lgn-buch.de**. Gemüse, Früchte und Hülsenfrüchte sind ideale Kohlenhydratquellen. Stärkehaltige Lebensmittel und Getreideprodukte – also Brot, Getreideflocken, Pasta, Reis und Kartoffeln – solltest du auf ein Minimum reduzieren. Sie liefern sehr viel Energie – gemessen an dem Anteil nützlicher Nährstoffe, die sie mitbringen. Gemüse liefert dir die besten Kohlenhydrate, und zwar:

- Ballaststoffe: Sie bremsen die Verdauung von Nahrungsmitteln in deinem Körper und halten dich länger satt.
- Antioxidanzien: Sie bekämpfen krank machende Chemikalien in deinem Körper, so genannte freie Radikale.
- Anti-Karzinogene: Sie helfen dir, Krebs zu vermeiden.
- Enzyme: Sie helfen deinem Körper dabei, das Protein aus deiner Nahrung auch umzusetzen.

Früchte haben die gleichen Vorteile, liefern allerdings deutlich mehr Energie (größtenteils in Form von Kohlenhydraten) und werden schneller verdaut. Wieviel Früchte du genießt, hängt also stark von deinen Zielen ab. Gemüse kannst du in fast allen Fällen so viel essen, wie du magst.

Empfohlene Kohlenhydratmenge zum Abnehmen (Faustregel):
- Bei wenig Bewegung und/oder Insulinresistenz: 50 bis 150 Gramm Kohlenhydrate am Tag
- Bei gesundem Stoffwechsel und regelmäßigem intensiven Training: zwei bis sechs Gramm Kohlenhydrate pro Kilogramm Körpergewicht (zusätzlich zwei Gramm Protein pro Kilogramm Körpergewicht und insgesamt 30 bis 40 Gramm essenzielle Fette)

Deinen Bedarf solltest du in folgender Reihenfolge decken:

1. Sehr viel grünes Gemüse und nicht-stärkehaltige Kohlenhydrate.
2. Ein bis zwei Stück Obst am Tag.
3. Stärkehaltiges Gemüse zum Auffüllen.

Sollten die Fortschritte zunächst ausbleiben (250 bis 500 Gramm Fettabbau pro Woche sind ein realistisches Ziel), reduzierst du die Kohlenhydrate weiter. Dein Körpergefühl ist dabei ein guter Indikator. Fühlst du dich schlapp und ausgelaugt? Schwankt dein Hungergefühl sehr stark? Das kann auf zu viele – oder zu wenige – Kohlenhydrate hindeuten. Hier lohnt es sich, ein bisschen zu experimentieren. Wenn du auf die Signale deines Körpers hörst und Schritt für Schritt nachjustierst, wirst du ihn immer besser verstehen und bist immer weniger auf Formeln und Messinstrumente angewiesen. Die optimale Kohlenhydratmenge zum Abnehmen ist so individuell wie die Körpergröße. Aber mithilfe der eben beschriebenen Faustregeln bist du in der Lage, von einer sicheren Grundlage aus weiter zu experimentieren und so für dich die optimale Kohlenhydratmenge herauszufinden.

DIE SACHE MIT DEN KALORIEN …

Kalorien sind nicht nur in aller Munde, sondern auch auf vielen Lebensmittelverpackungen deklariert. Aber die meisten Menschen haben keine Vorstellung davon, was Kalorien eigentlich genau sind. Wenn du dieses Buch gelesen hast, wirst du zur Minderheit derjenigen gehören, die exakt weiß, was Kalorien wirklich sind, wie viele du jeden Tag verbrennst und wie viele Kalorien du essen solltest, um dir den Körper zu erschaffen, den du dir wünschst.

Kalorien sind lediglich eine Einheit für Wärmeenergie. Eine Kalorie Lebensmittel liefert exakt die Energie, die nötig ist, um einen Liter Wasser um ein Grad Celsius zu erwärmen. Wenn du die Energie von Lebensmitteln verbrennst, liefern sie ebenso Wärme wie andere Arten von Treibstoff – Benzin, Kohle, Holz … Je mehr Kalorien ein Nahrungsmittel enthält, desto mehr Energie liefert es. Beispielsweise tankst du mit einem Stück Schwarzwälder Kirschtorte 451 Kalorien. Um die gleiche Menge Energie aus deinen Energiespeichern freizusetzen, müsstest du 90 Minuten spazieren gehen. Körperfett zu verbrennen bedeutet, dass du deinen Treibstofftank anzapfst, um dich am Leben und in Bewegung zu halten. Bei inaktiven Menschen „wartet" das Körperfett meist vergeblich auf seinen Einsatz.

Ein 80-Kilo-Mann mit 19 Prozent oder eine 60-Kilo-Frau mit 25 Prozent Körperfett besitzen etwa 15 Kilogramm Körperfett. Jedes dieser Kilos liefert knapp 7.000 Kalorien. In 15 Kilogramm sind also etwas über 100.000 Kalorien gespeichert. Damit kommst du in Notsituationen eine ganze Zeit über die Runden. Die Evolution hat uns aufs Überleben programmiert. Und die Chance, eine Hungersnot zu überleben, steigt mit dem Körperfettanteil. Wenn du lernst, Kalorien zu verstehen und auszubalancieren, dann kannst du so viel Körperfett loswerden, wie du willst – und ein Leben lang schlank bleiben. Wer richtiges Krafttraining macht, bleibt bei einem leichten Kalorienüberschuss weiterhin schlank.

Dann kann dein Körper die überschüssige Energie nutzen, um Muskeln aufzubauen. Wird der Überschuss zu hoch, „zahlst" du allerdings dennoch in deine Fettdepots ein – selbst dann, wenn du viel trainierst.

Einige Lebensmittel sind gesünder als andere, keine Frage. Unverarbeitete Lebensmittel enthalten mehr Nährstoffe als Fabriknahrung. Aber auch mit gesunden Lebensmitteln kannst du zunehmen – falls du mehr Kalorien aufnimmst, als du verbrauchst. Die Kalorienbilanz gilt immer! Du kannst also alles haben – nur eben nicht in unbegrenzter Menge. Wenn du alle Nährstoffe, die dein Körper braucht, über eine gesunde Ernährung bekommst, wirst du deine Kalorienbilanz höchstwahrscheinlich automatisch begrenzen. Dazu willst du wissen, wie viele Kalorien du am Tag benötigst.

Dein täglicher Kalorienbedarf ist die Gesamtmenge an Energie, die dein Körper innerhalb von 24 Stunden verbraucht. Deine Kalorienbilanz kannst du per Knopfdruck auf meiner Website errechnen **(www.lgnbuch.de)**. Um ein Gefühl für die Nährwerte (Kalorien, Protein, Kohlenhydrate, Fette) von Lebensmitteln zu bekommen, empfehle ich dir unbedingt, für wenigstens zwei, drei Monate ein Ernährungstagebuch zu führen (siehe Seite 52).

TRINK DICH SCHLANK

Wasser ist ein Wunderelixier und vielleicht der älteste Fatburner der Welt. Es kann deinen Kalorienverbrauch erhöhen und deinen Fettabbau verdoppeln! Wasser ist Leben. Leider fristet es neben den neuesten Diäten und Superfoods ein Schattendasein. Zu Unrecht! Denn fitte Menschen sind Gewohnheits-Wassertrinker. Du kannst deine Ernährung voll im Griff haben, die perfekte Balance aus Proteinen, Fetten und Kohlenhydraten gefunden haben. Gut mit Vitaminen und Mineralstoffen versorgt sein. Aber das alles bringt dir wenig, wenn du dehydriert bist. Jeder Athlet weiß, wie viel mehr Leistung möglich ist, wie viel besser du dich fühlst und wie schneller du regenerierst, wenn du optimal mit Wasser versorgt bist. Logisch, oder? Schließlich bestehst du größtenteils aus Wasser:

Wasser macht 60 bis 70 Prozent deines Körpergewichts aus. Dein Blut besteht zu über 90 Prozent aus Wasser, deine Muskeln zu über 70 Prozent und die Knochen zu 20 Prozent. Ohne Wasser ist all das unmöglich, was das Leben möglich macht: Wasser reguliert deine Körpertemperatur, transportiert Nährstoffe dorthin, wo sie benötigt werden, und übernimmt den Abtransport von Schadstoffen. Wasser ist Bestandteil deiner Körperzellen, schmiert deine Gelenke – und es ermöglicht Denken, Verdauen, Atmen, Blutkreislauf …

Da der Wasserbedarf sehr individuell ist, gibt es von wissenschaftlicher Seite keine Pauschalvorgaben für optimalen Fettabbau. Fakt ist: Es macht einen Unterschied, ob du nur einen Mangel ausgleichst oder optimal versorgt bist.

Trinken – im richtigen Moment

Es gibt einige Zeitpunkte, zu denen das Wassertrinken das Abnehmen besonders gut fördert. Ein Plan hilft dir dabei, aus einer neuen Verhaltensweise eine Gewohnheit zu machen. Die richtigen Gewohnheiten sind dein Autopilot, der dich zum Ziel führt, während du den Kopf frei für andere Dinge hast. Die folgenden sechs Gewohnheiten justieren deinen Trink-Autopiloten auf Fettabbau:

- Nach dem Aufwachen: Trink sofort Wasser, wenn du morgens wach wirst. Über Nacht verlierst du über Atemluft und Schweiß eine Menge Flüssigkeit. Ich beginne jeden Tag mit einem großen Glas Wasser, noch bevor ich mir einen Espresso mache. Einigen meiner Klienten hat es geholfen, das Wasser schon abends vor dem Einschlafen gut sichtbar zu platzieren, so dass sie es morgens unmöglich vergessen können.
- Vor dem Training: Trinke zwei Stunden bis 20 Minuten vor deinem Workout etwa einen halben Liter Wasser. So kannst du gut hydriert durchstarten.
- Beim Training: Die meisten Sport-Ernährungsberater empfehlen, alle 15 Minuten etwa 200 bis 250 Milliliter zu trinken. Natürliches Wasser ist das beste Sportgetränk, wenn dein Training bis zu einer Stunde lang dauert.
- Nach dem Training: Das Ziel ist, dass du den trainingsbedingten Flüssigkeitsverlust direkt nach dem Training durch Trinken ausgleichst. Du bekommst ein gutes Gefühl für die richtige Menge, wenn du dich vor und nach dem Training wiegst. Für jedes halbe Kilo, das die Waage nach dem Training weniger anzeigt, kannst du einen halben Liter Wasser veranschlagen.
- Wenn du schwitzt: Wenn du in Schweiß ausbrichst, etwa weil es heiß ist, dann ist das einfach ein Signal dafür, dass du trinken solltest. Auch dann, wenn du nicht trainierst.
- Vor und während der Mahlzeiten: Trink vor dem Essen jeweils ein großes Glas kaltes Wasser. Auch während der Mahlzeit nimm reichlich Wasser auf (anstelle kalorienhaltiger Getränke).

Und noch zum Thema Trinken: Alkohol macht wirklich fett!

Ich möchte, dass du in der Lage bist, eine bewusste Entscheidung zu treffen. Auch deshalb solltest du wissen, dass Alkohol das Abnehmen bremst: Wenn du Alkohol trinkst, wandelt deine Leber ihn in den Stoff Acetat um, den dein Körper dann als Energiequelle nutzen kann. Solange dein Körper auf Acetat zurückgreifen kann, wird er ihn exklusiv als Energielieferanten nutzen – und alle anderen Stoffwechselvorgänge (inklusive Fettverbrennung) zurückstellen. Studien belegen außerdem, dass Alkohol den Appetit anregt. Dein Körper verbrennt nur noch Alkohol, speichert alle anderen Energielieferanten und dein Appetit steigt: All das erklärt, warum regelmäßiger Alkoholkonsum die Taille leicht wachsen lässt.

Meine Empfehlung: Ein Glas Wein an ein bis zwei Abenden in der Woche zu genießen, wird deine Trainingserfolge nicht wesentlich beeinträchtigen und kann sogar einen positiven Effekt auf deine Gesundheit haben. Trockener Rotwein ist aufgrund des niedrigen Kohlenhydrat-Anteils eine bessere Wahl als Weißwein – und vor allem ist Wein besser als Bier. Ich habe selbst gute Erfahrungen damit gemacht, an einem Tag pro Woche nicht allzu sehr auf eine perfekte Ernährung zu achten und bei Gelegenheit auch ein, zwei Glas Rotwein zu trinken.

SELBST KOCHEN, UM NACKT GUT AUSZUSEHEN

Du hast nun viel über Ernährung erfahren. Das Beste daran: Du kannst deine eigene Ernährung im Wortsinn selbst in die Hand nehmen. Ich kenne keinen verlässlicheren Weg zu einer ausgewogenen Looking-Good-Naked-Ernährung, als selbst zu kochen. Die Gründe liegen auf der Hand: Du selbst kontrollierst, welche Lebensmittel du isst und wie groß die Portionen sind.

Für meine Rezepte gilt: Es soll schnell gehen, eine Handvoll Zutaten reichen – und die sind frisch, gesund und proteinreich. Es geht einfach und das Wichtigste: Es schmeckt verboten lecker.

Du findest auf den folgenden Seiten zehn Frühstücksrezepte, drei Snacks, drei Smoothies und zehn Hauptgerichte. Alle kannst du nach Belieben variieren und miteinander zu Tagesmenüs kombinieren. Viel Freude beim Zubereiten und Genießen!

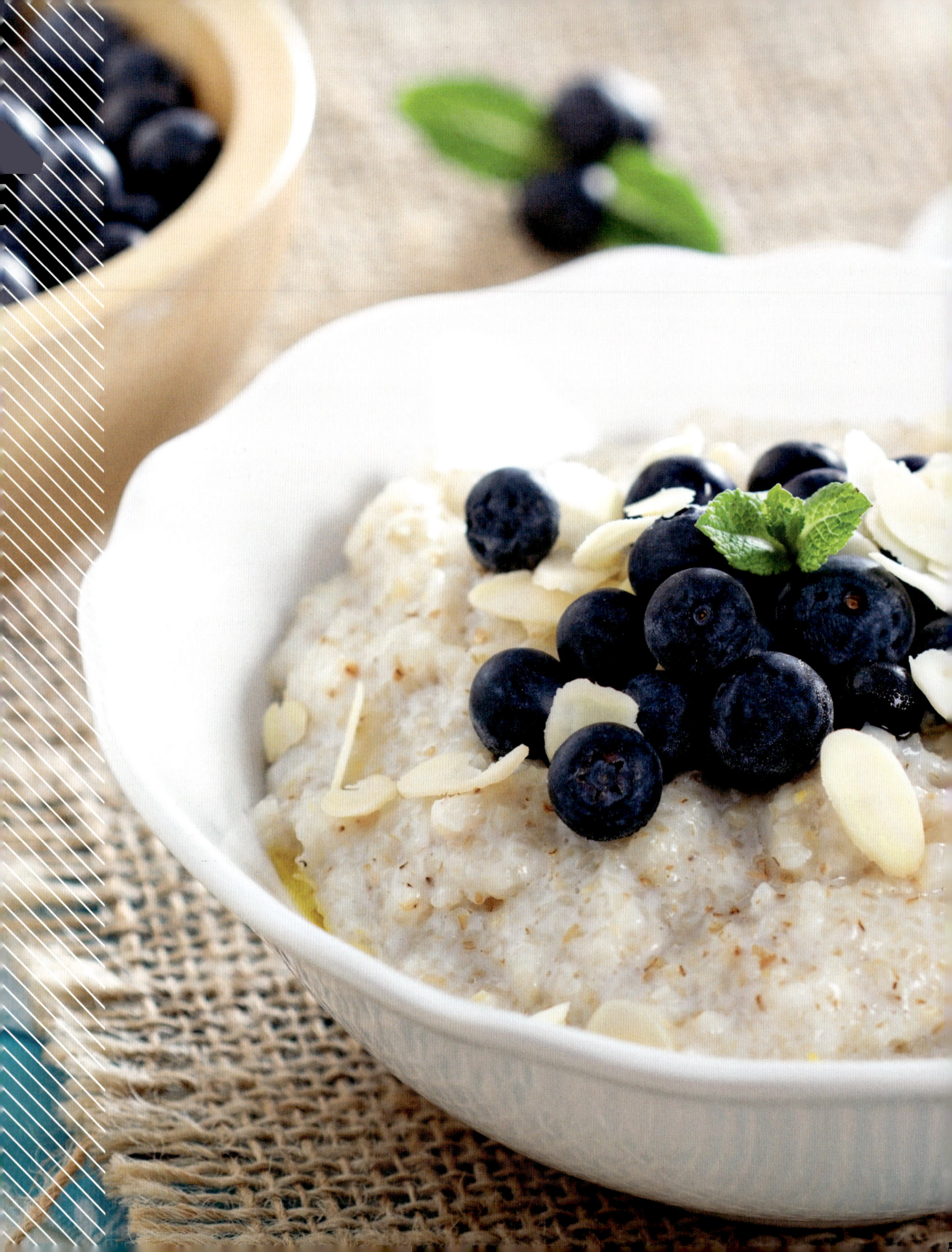

PORRIDGE MIT BEEREN

VEGETARISCH

Haferbrei in der richtigen Konsistenz ist für mich ein tolles Frühstück. In diesem Rezept wird das Ganze noch verfeinert mit frischen Beeren und knackigen Nüssen.

Zubereitung

1. Haferflocken, Milch, Salz und Zimt in einer großen Schüssel vermengen und alles kurz in der Mikrowelle erhitzen. Dann gut umrühren und für eine weitere Minute in die Mikrowelle stellen.

2. Die Beeren unterrühren und – wenn gewünscht – Süßstoff dazugeben.

3. Den Haferbrei zunächst etwas abkühlen lassen, dann erst das Protein untermengen, da es sonst im zu heißen Haferbrei klumpen oder sauer werden kann.

4. Zum Schluss auch die Nüsse dazugeben und alles gut umrühren.

Tipp

Wenn der Brei zu dickflüssig ist, einfach noch etwas mehr Wasser oder Milch hinzufügen.

Zutaten für 1 Portion

50 g Haferflocken | 200 ml fettarme Milch | 1 Prise Salz | 1 Prise Zimt | 100 g Beeren nach Wahl, gewaschen | Süßstoff wie z. B. Stevia (optional) | 30 g Protein mit Vanillegeschmack | 1 EL Walnüsse, gehackt oder Mandelsplitter

Zubereitungszeit: 6 Minuten

Nährwerte: Kalorien: 469 kcal | Eiweiß: 43 g | Kohlenhydrate: 62 g | Fett: 11 g

HAFERKLEIE

Wer die Haferkleie lieber etwas cremiger mag, kann statt Wasser auch einfach die gleiche Menge Milch verwenden – guten Appetit!

Zubereitung

1. Hafer- und Weizenkleie, Leinsamenmehl, Zimt, Salz und Wasser in einer großen Schüssel vermischen.

2. Den Apfel in kleine Stücke schneiden und dazugeben.

3. Alles auf hoher Stufe für 30 Sekunden in die Mikrowelle stellen, dann herausnehmen, gut durchrühren und für weitere 30 Sekunden in die Mikrowelle stellen, bis die Mischung heiß ist, aber nicht kocht.

4. Das Proteinpulver darüberstreuen und nach Geschmack Süßstoff hinzufügen.

Tipp

Wer kein Proteinpulver verwenden möchte, kann stattdessen ein proteinreiches Gericht zur Haferkleie essen, zum Beispiel zwei gebratene oder gekochte Eier.

Zutaten für 1 Portion

50 g Haferkleie
20 g Weizenkleie
2 EL Leinsamenmehl
1 Prise Zimt
1 Prise Salz
200 ml Wasser
1 großer Apfel
30 g Proteinpulver mit Vanillegeschmack
Süßstoff wie z. B. Stevia (optional)

Zubereitungszeit

6 Minuten

Nährwerte

Kalorien: 474 kcal
Eiweiß: 42 g
Kohlenhydrate: 81 g
Fett: 11 g

VEGETARISCH

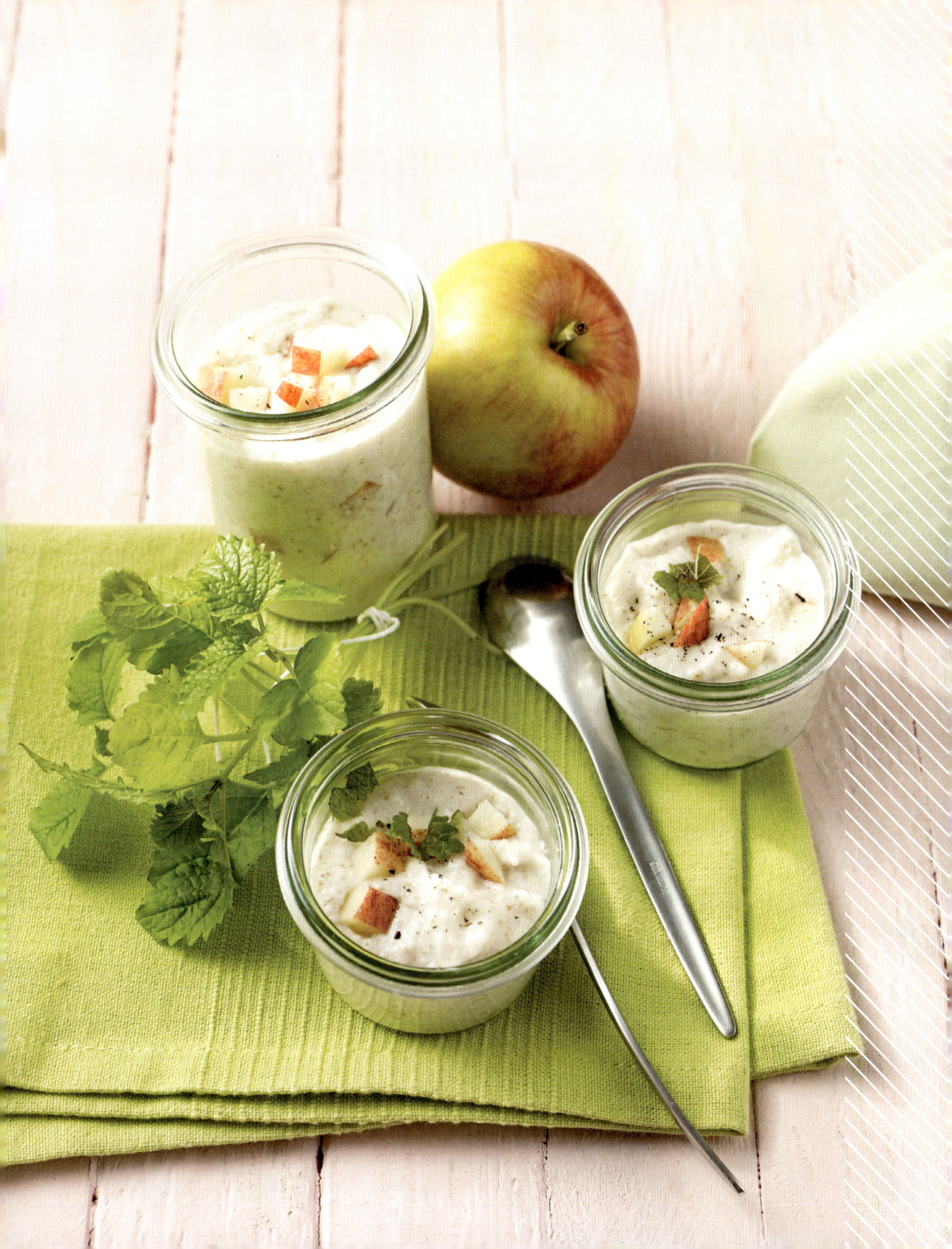

IRISCHER HAFERBREI MIT HEIDELBEEREN

Normalerweise muss geschroteter Hafer um die 20 Minuten kochen, aber ich habe eine schnellere Methode entwickelt. Einfach abends schon vorbereiten, dann geht es morgens ganz schnell!

Zubereitung

1. Am Vorabend den geschroteten Hafer mit Salz und Wasser in einer beschichteten Pfanne mischen, aufkochen lassen, dann von der Herdplatte nehmen und über Nacht abgedeckt stehen lassen.

2. Am nächsten Morgen erneut zum Kochen bringen.

3. Haferkleie, Leinsamen und Zimt hinzufügen und alles gründlich vermengen.

4. Die Pfanne von der Herdplatte nehmen, alles kurz abkühlen lassen und dann die Beeren und das Proteinpulver darüberstreuen. Wenn gewünscht, mit etwas Süßstoff süßen.

Zutaten für 1 Portion

20 g geschroteter Hafer | 1 Prise Salz | 600 ml Wasser | 30 g Haferkleie | 1 EL ganze Leinsamen | ½ TL Zimt | 100 g Heidelbeeren, gewaschen | 30 g Proteinpulver mit Vanillegeschmack | Süßstoff wie z. B. Stevia (optional)

Zubereitungszeit: 5 Minuten

Nährwerte: Kalorien: 393 kcal | Eiweiß: 38 g | Kohlenhydrate: 56 g | Fett: 8 g

VEGETARISCH

VEGETARISCH

HAFERBREI MIT SCHOKOLADEN-MANDELMUS

Schon wieder Haferbrei – doch heute als „süße Sünde"! Mit Schokogeschmack und Mandelmus wird aus dem Haferbrei ein Gericht mit Suchtpotenzial.

Zubereitung

1. Haferflocken und Milch in einer Schüssel verrühren und 1-2 Minuten lang auf hoher Stufe in der Mikrowelle erhitzen.

2. Dann herausnehmen und gut umrühren. Die Banane mit einer Gabel zerquetschen und zusammen mit Mandelmus, Leinsamen und Süßstoff in den Haferbrei mischen.

3. Wenn die Haferbreimischung etwas abgekühlt ist, das Proteinpulver hinzufügen und alles nochmals gut durchmischen.

Zutaten für 1 Portion
25 g Haferflocken | 150 ml fettarme Milch | 1 Banane | 1 EL Mandelmus | 1 EL Leinsamen, gemahlen | Süßstoff wie z.B. Stevia (optional) | 30 g Proteinpulver mit Schokoladengeschmack
Zubereitungszeit: 5 Minuten
Nährwerte: Kalorien: 500 kcal | Eiweiß: 42 g | Kohlenhydrate: 58 g | Fett: 16 g

VEGETARISCH

KONZENTRATIONS-QUARK

Ein Blitzrezept für die Tage, an denen es noch schneller als sonst gehen muss – dieses Frühstück ist buchstäblich im Handumdrehen fertig!

Zubereitung

1. Den Quark in ein Schälchen geben und etwas verrühren.

2. Mit Studentenfutter und Zimt bestreuen – fertig!

Zutaten für 1 Portion
200 g Speisequark (Magerstufe) | 50 g Studentenfutter | 1 Prise Zimt
Zubereitungszeit: 2 Minuten
Nährwerte: Kalorien: 324 kcal | Eiweiß: 23 g | Kohlenhydrate: 37 g | Fett: 11 g

VEGETARISCH

FALSCHER MILCHREIS MIT ZIMT UND BEEREN

Dieses Frühstück ist eine besonders eiweißreiche Alternative zum Milchreis.

Zubereitung

1. Den Hüttenkäse zusammen mit der Milch und dem Proteinpulver in eine Schüssel geben und cremig rühren.

2. Die frischen oder TK-Beeren wenige Minuten in der Mikrowelle anwärmen (TK-Beeren etwas länger, sie können auch im gefrorenen Zustand in die Mikrowelle).

3. Danach die angewärmten Beeren auf den Hüttenkäse geben und mit Zimt bestreuen.

Zutaten für 1 Portion
200 g Hüttenkäse | 50 ml Milch (1,5 % Fett) | 30 g Proteinpulver (Empfehlung: Vanille) | 100 g frische oder TK-Beeren | 1 Prise Zimt

Zubereitungszeit: 5 Minuten

Nährwerte: Kalorien: 357 kcal | Eiweiß: 51 g | Kohlenhydrate: 27 g | Fett: 6 g

RAUCHIGER VEGGIE-SPECK & BLATTGEMÜSE

VEGAN

Herzhafter Frühstücksgenuss – blitzschnell zubereitet!

Zubereitung

1. Den Räuchertofu mit einem Sparschäler in dünne Scheiben schneiden.

2. Eine große Bratpfanne mit Albaöl einsprühen und erhitzen.

3. Die Tofuscheiben auf die eine Seite der Pfanne legen, das Blattgemüse auf die andere. Den „Speck" nach 1–2 Minuten wenden, auch das Blattgemüse nach ein paar Minuten leicht vermengen.

4. Nach Belieben beides getrennt oder miteinander vermischt auf dem Teller anrichten und genießen.

Tipp

Nicht alle gesunden Öle sind auch hitzebeständig. Neben Albaöl eignet sich auch Macadamianuss- und Kokosöl zum Braten.

Zutaten für 1 Portion

200 g Räuchertofu | Albaöl zum Sprühen | 200 g Blattgemüse nach Wahl (etwa Kohl, Mangold, Spinat oder Rote-Bete-Blätter), gewaschen, zerkleinert

Zubereitungszeit: 5 Minuten

Nährwerte: Kalorien: 431 kcal | Eiweiß: 56 g | Kohlenhydrate: 30 g | Fett: 12 g

RÜHREI MIT GEMÜSE

Ein einfaches Gericht, das regelmäßig auf meinen Frühstückstisch kommt. Schmeckt super und hält lange satt – also genau das Richtige am Morgen.

Zubereitung

1. Olivenöl in die Pfanne geben. Den Truthahnschinken in kleine Stücke, die Zwiebel in feine Streifen, die Pilze in Scheiben schneiden.

2. Alles zusammen mit dem Spinat in der Pfanne bei mittlerer Hitze 3 Minuten anbraten, bis der Spinat zusammenfällt und eine dunkelgrüne Farbe annimmt.

3. Die Eier aufschlagen und verrühren, den Käse in kleine Würfel schneiden, beides mit in die Pfanne geben. Alles zusammen für weitere 2 Minuten braten, bis die Eier gar sind.

4. Zum Nachtisch gibt's die Beeren – guten Appetit.

Zutaten für 1 Portion

½ TL Olivenöl | 100 g geräucherter Truthahnschinken | 1/3 Zwiebel | 50 g Champignons | 1 Handvoll frischer Spinat (oder 100 g aufgetauter TK-Spinat) | 3 Bio-Eier | 1 Scheibe Gouda | 150 g Heidelbeeren, gewaschen

Zubereitungszeit: 7 Minuten

Nährwerte: Kalorien: 578 kcal | Eiweiß: 46 g | Kohlenhydrate: 36 g | Fett: 30 g

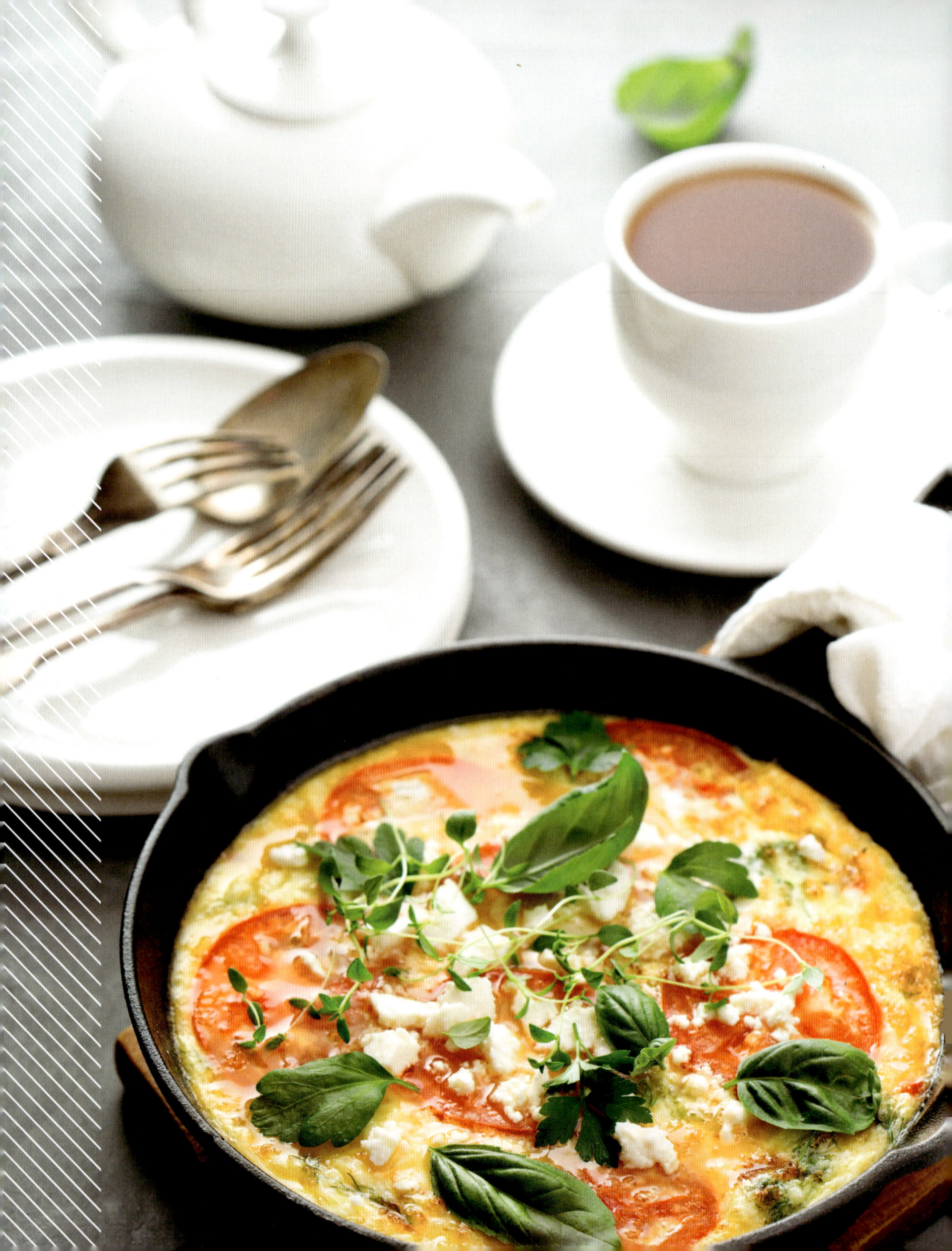

TOMATEN-OMELETT

VEGETARISCH

In diesem Omelett sorgen Tomate, Mozzarella und Basilikum für einen italienischen Touch.

Zutaten für 1 Portion
2 mittelgroße Eier
2 EL Milch
½ TL Kräutersalz
1 Msp. schwarzer Pfeffer
1 mittelgroße Tomate
½ Kugel Mozzarella
einige Blättchen Basilikum
1 TL Rapsöl

Zubereitung
1. Eier, Milch, Salz und Pfeffer in einer größeren Schüssel verquirlen.

2. Die Tomate in Scheiben, den Mozzarella in kleine Würfel schneiden. Den Basilikum waschen und die Hälfte davon in Streifen schneiden. Alles in die Eiermilch geben.

3. Das Rapsöl in der Pfanne erhitzen und die Masse darin unter leichtem Rühren stocken lassen.

4. Das Omelett mit den übrigen Basilikumblättern garnieren.

Zubereitungszeit
10 Minuten

Nährwerte
Kalorien: 284 kcal
Eiweiß: 22 g
Kohlenhydrate: 15 g
Fett: 16 g

SCRAMBLED TOFU

VEGAN

Interessant für Veganer und alle, die es einfach mal mit Tofu probieren möchten.

Zubereitung

1. Zwiebel abziehen und in kleine, feine Würfel hacken, die Petersilie waschen und sehr fein schneiden.

2. Die vegane Margarine in der Pfanne erhitzen und die feinen Zwiebelwürfel darin anbraten.

3. Den Tofu so in die Pfanne bröseln, dass verschieden große Brösel entstehen. Mit Pfeffer, Salz und Kurkuma würzen. Dann auch die Petersilie unter die Masse heben.

4. Alles etwas anbraten und anschließend mit der Sojamilch ablöschen. Gut verrühren.

5. Wenn der Tofu die Sojamilch vollkommen aufgesogen hat, ist alles fertig. Das Endergebnis sollte sehr luftig und etwas feucht sein.

Zutaten für 1 Portion
½ Zwiebel | ½ Bund Petersilie | 1 TL vegane Margarine | 200 g Tofu |
1 Prise schwarzer Pfeffer | 1 Prise Salz | etwas Kurkuma | 150 ml Sojamilch (natur)
Zubereitungszeit: 10 Minuten
Nährwerte: Kalorien: 356 kcal | Eiweiß: 29 g | Kohlenhydrate: 15 g | Fett: 23 g

VEGETARISCH

BETTHUPFERL

Ein Rezept für die Müden, die nichts mit einem komplexen Rezept zu tun haben wollen, das Kochen und Putzen erfordert. Ich habe es uns leicht gemacht!

Zubereitung

1. Den Hüttenkäse mit Leinsamenmehl und Mandelmus in eine Schüssel geben.

2. Die geschälte Banane zerquetschen, unter die Masse heben.

3. Alles mit etwas Wasser (oder Milch) vermischen und so lange umrühren, bis eine gleichmäßige Masse entstanden ist.

4. Das Proteinpulver in die Masse rühren.

Zutaten für 1 Portion
100 g Hüttenkäse | 2 EL Leinsamenmehl | 1 EL Mandelmus | 1 Banane | etwas Wasser oder Milch | 30 g Proteinpulver mit Schokogeschmack
Zubereitungszeit: 5 Minuten
Nährwerte: Kalorien: 474 kcal | Eiweiß: 45 g | Kohlenhydrate: 39 g | Fett: 18 g

MARKS POWER-PITA

Während du diesen Wrap genießt, kannst du über deine Kollegen schmunzeln, die bloß ein Butterbrot am Start haben.

Zubereitung

1. Den Wrap oder die Innenseite der Pita-Tasche mit Mandelmus bestreichen.

2. Die Kichererbsen mit einer Gabel ein bisschen zerquetschen und auf das Mandelmus geben.

3. Den Wrap oder die Pita-Tasche mit der Truthahnbrust und dem Salat belegen und fest zusammenrollen oder zuklappen.

4. Nach Wunsch mit Basilikum oder anderem garnieren.

Tipp

Wenn eine kleine gekochte Kartoffel vom Vortag übrig ist, kannst du sie rasch kleinschneiden und statt der Kichererbsen in den Wrap geben.

Zutaten für 1 Portion

1 Vollkorn Tortilla-Wrap oder Pita-Tasche
1 EL Mandelmus
80 g Kichererbsen (abgetropft, aus der Dose oder aus dem Glas)
100 g Truthahnbrust-Aufschnitt
1-2 Salatblätter
einige Basilikumblätter o.a. zum Garnieren (optional)

Zubereitungszeit

4 Minuten

Nährwerte

Kalorien: 499 kcal
Eiweiß: 44 g
Kohlenhydrate: 46 g
Fett: 17 g

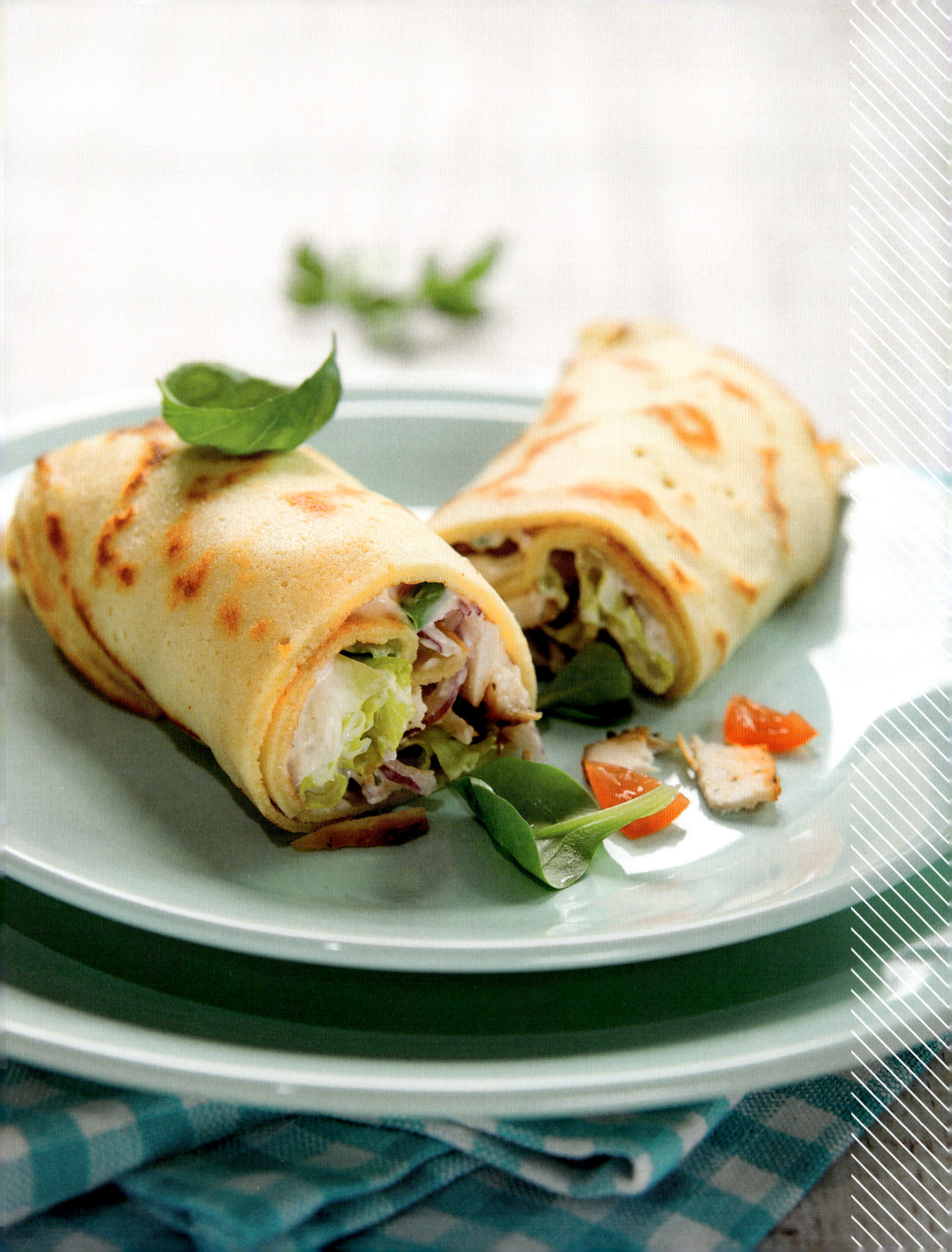

SALAT ALS EIWEISSBOMBE

VEGAN

Hier hast du die Wahl: Du kannst den „Salat für zwei" gemeinsam genießen, die zweite Portion auf Vorrat in den Kühlschrank stellen oder nur die Hälfte der Zutaten verwenden und eine kleine Snackportion kreieren.

Zubereitung

1. Karotten, Feldsalat, Spinat, Paprikaschote, Apfel, Tomaten und Champignons waschen, putzen und klein schneiden, den Tofu würfeln.

2. Die Champignons und den Tofu anschließend in einer beschichteten Pfanne im Kokosöl bei niedriger Temperatur kross braten.

3. Inzwischen die übrigen klein geschnittenen Zutaten mit den Bohnen und Kernen in einer Schale mischen, Essig und Öl darüber geben.

4. Diesen Salat auf zwei Teller verteilen und die gebratenen Zutaten daraufgeben.

Zutaten für 2 Portionen

2 Karotten | 100 g Feldsalat, gewaschen und geputzt | 50 g Spinat | 1 Paprikaschote, rot | 1 Apfel | 2 Tomaten | 50 g Champignons (zwei kleine oder ein großer) | 50 g geräucherter Tofu | Kokosöl | 50 g Kidneybohnen aus der Dose | 10 g Kernemix | 1 EL Balsamico-Essig | 1 EL Olivenöl

Zubereitungszeit: 10 Minuten

Nährwerte: Kalorien: 282 kcal | Eiweiß: 13 g | Kohlenhydrate: 44 g | Fett: 8 g

VEGAN

DIE GRÜNE GÖTTIN
Gemüsefrischen Genuss bietet dieser Smoothie.

Zubereitung
1. Kohlblätter, Banane und Dattel klein schneiden.
2. Mit den restlichen Zutaten in den Mixer geben und gut durchmixen.

Zutaten für 1 Portion
2 große Kohlblätter, mit oder ohne Stiel | ½ Banane, geschält, gefroren | 1 Dattel, ohne Kern | 250 ml Mandelmilch (optional Haselnuss- oder Sojamilch) | 1 EL Hanf-, Lein- oder Chiasamen | 8–10 Eiswürfel | 30–50 g Proteinpulver mit Vanillegeschmack | 1 TL Greens-Pulver

Zubereitungszeit: 5 Minuten
Nährwerte: Kalorien: 302 kcal | Eiweiß: 32 g | Kohlenhydrate: 28 g | Fett: 8 g

---

SPINAT-MANGO-SHOOTER
Für alle, die sich nicht zwischen frisch und fruchtig entscheiden mögen, hier ein Smoothie mit Spinat und Mango.

Zubereitung
1. Spinat und Mango waschen und klein schneiden.
2. Mit den restlichen Zutaten in den Mixer geben und gut durchmixen.

Zutaten für 1 Portion
400 g frischer Babyspinat | 150 g Mango | 150 g Joghurt (1,5 % Fett) | 50 ml Orangen- oder Ananassaft | 50 ml Wasser

Zubereitungszeit: 5 Minuten
Nährwerte: Kalorien: 305 kcal | Eiweiß: 19 g | Kohlenhydrate: 54 g | Fett: 3 g

VEGETARISCH

VEGETARISCH

HIMBEER-BUTTERMILCH-TRAUM

Eine fruchtig süße Zwischenmahlzeit, die blitzschnell genussfertig ist.

Zubereitung

1. Alle Zutaten in der rechts genannten Reihenfolge in den Mixer geben.
2. Das Ganze gut durchmixen – fertig!

Tipp

Wenn du nach einem intensiven Training einen zusätzlichen Energieschub brauchst, kannst du den Smoothie auch noch mit ein paar Datteln ergänzen.

Zutaten für 1 Portion

250 ml Buttermilch
200 g Himbeeren (TK oder frisch)
1 TL Honig
1 EL Leinsamen
1 EL Proteinpulver

Zubereitungszeit:

5 Minuten

Nährwerte

Kalorien: 381 kcal
Eiweiß: 26 g
Kohlenhydrate: 57 g
Fett: 8 g

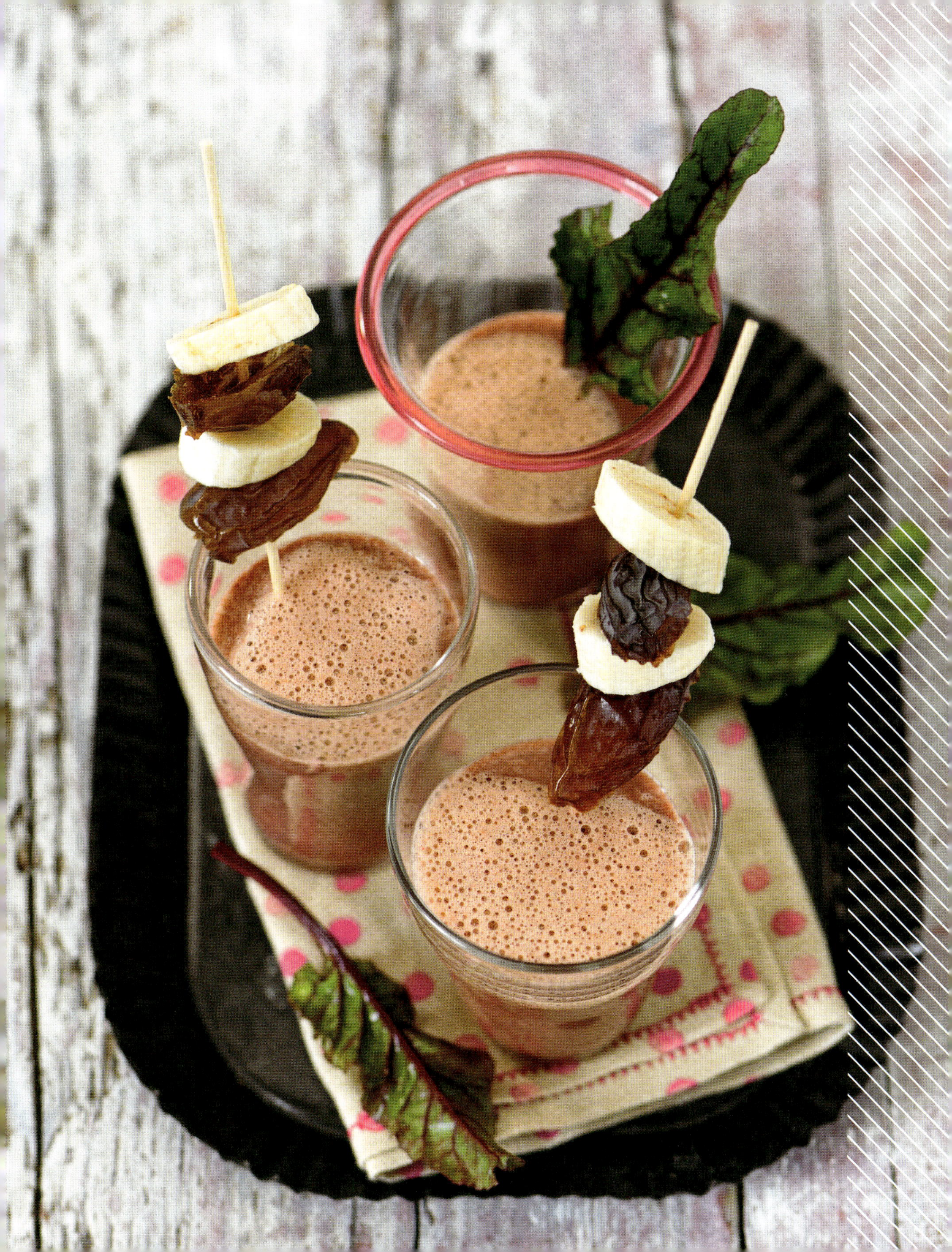

THUNFISCH-BURGER

Thunfisch aus der Dose lässt sich mit den richtigen Zutaten schnell in ein leckeres Gericht verwandeln – hier in einen originellen Burger.

Zubereitung

1. Die Frühlingszwiebeln und die Knoblauchzehe schälen und hacken, die Eier in einer großen Schüssel aufschlagen.

2. Zwiebeln und Knoblauch zu den Eiern geben, Thunfisch, Leinsamenmehl und Soja-Sauce damit vermengen und mit Pfeffer und Salz abschmecken.

3. Aus der Masse einen großen Bratling formen.

4. Das Albaöl in einer Pfanne erhitzen, den Thunfisch-Burger darin 5 Minuten anbraten.

5. Das Brötchen aufschneiden und den Bratling hineinlegen.

Tipp
Wenn du magst, kannst du auch noch ein paar Scheiben Gurke oder etwas Salat auf den Burger geben, dann macht er jedem Burger aus dem Fastfoodrestaurant auch optisch erfolgreich Konkurrenz.

Zutaten für 1 Portion
2 Frühlingszwiebeln
1 Knoblauchzehe
2 Bio-Eier
1 Dose Thunfisch im eigenen Saft (150 g, abgetropft)
50 g Leinsamenmehl
1 TL Soja-Sauce
Salz und Pfeffer nach Geschmack
1 TL Albaöl
1 Vollkornbrötchen

Zubereitungszeit
15 Minuten

Nährwerte
Kalorien: 814 kcal
Eiweiß: 66 g
Kohlenhydrate: 47 g
Fett: 39 g

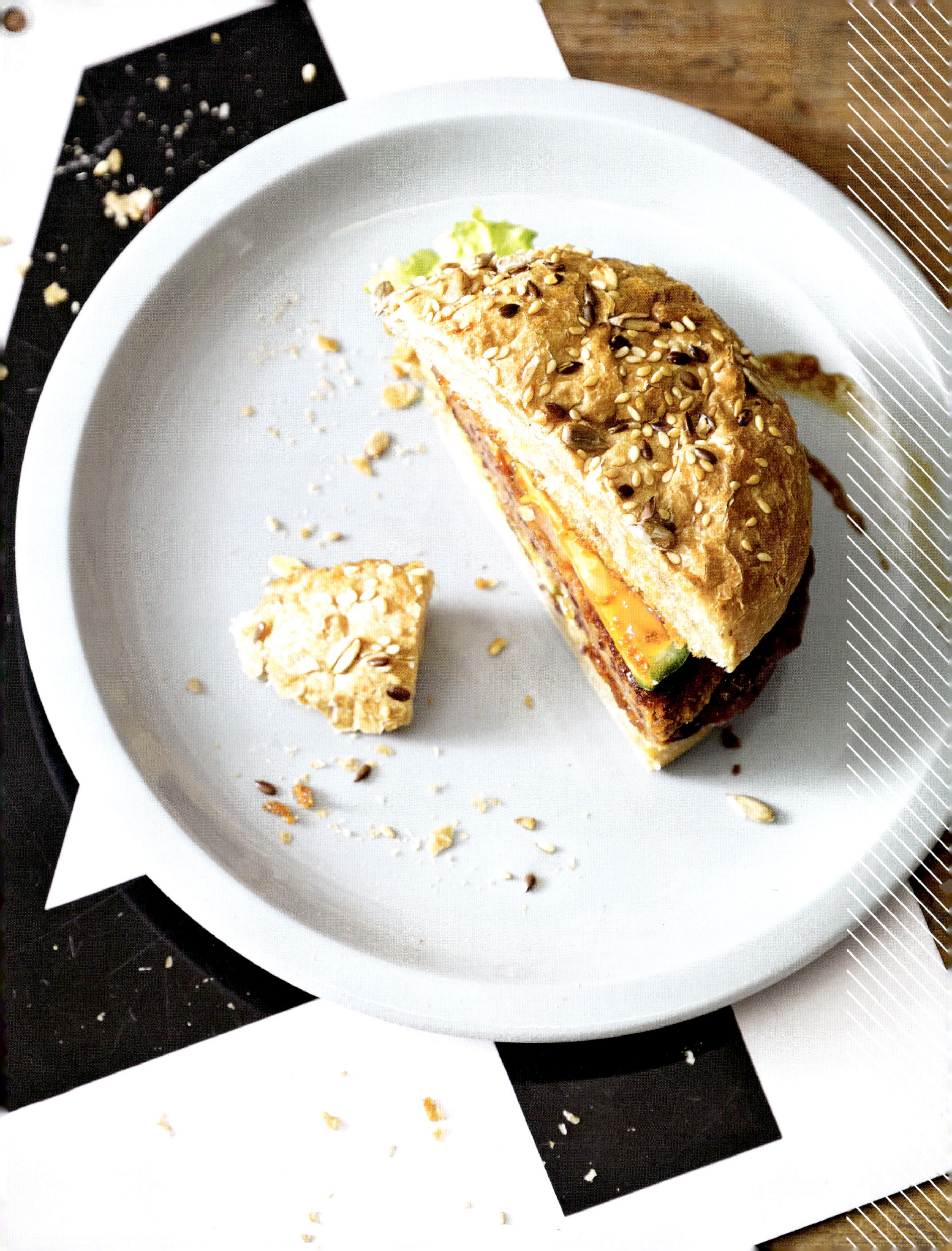

GEFÜLLTE KARTOFFEL

VEGETARISCH

Ganz unkompliziert wird eine gekochte Kartoffel mit diesem Rezept zum Leckerbissen.

Zubereitung

1. Die Kartoffel mit der Schale in etwas Salzwasser kochen, bis sie gerade gar ist. Das dauert etwa 20 Minuten.

2. Die Bohnen abspülen, mit dem Quark und dem Ajvar verquirlen und die Mischung mit Salz und Pfeffer würzen.

3. Die Kartoffel mit der Mischung füllen und genießen.

Tipp

Ich bereite dieses Gericht meist mit einer gekochten Kartoffel zu, die vom Vortag übriggeblieben ist oder die ich schon extra für dieses Gericht mit koche und im Kühlschrank aufbewahre. So wird das Gericht zum Blitzrezept. Man muss nur noch, wie beschrieben, die Mischung zubereiten, die Kartoffel damit füllen und alles für 1–2 Minuten auf mittlerer Stufe in der Mikrowelle erhitzen – fertig!

Zutaten für 1 Portion

1 größere Kartoffel | ½ Dose Schwarzbohnen (ca. 125 g, abgetropft) | 100 g Speisequark (Magerstufe) | 3 EL Ajvar, scharf | Salz | Pfeffer

Zubereitungszeit: 25 Minuten

Nährwerte: Kalorien: 492 kcal | Eiweiß: 25 g | Kohlenhydrate: 96 g | Fett: 2 g

VEGETARISCH

KÜRBIS-CHILI

Probiere es einmal mit dieser ungewöhnlichen Chili-Variante, die übrigens auch kalt ausgezeichnet schmeckt.

Zubereitung

1. Tomate und Kürbis in sehr kleine Würfel schneiden, die Bohnen abspülen.

2. Das alles mit den Chia- oder Leinsamen zusammen in einem großen Topf aufkochen lassen und bei mittlerer Hitze etwa 10–15 Minuten garen. Dabei immer wieder umrühren.

3. Dann das Chili nach Geschmack mit Salz und Pfeffer würzen.

4. Auf einem Teller oder in einer Schüssel anrichten und mit den Pistazien garnieren.

Zutaten für 1 Portion

1 mittelgroße Tomate | 150 g Kürbis | ½ Dose Schwarzbohnen (ca. 125 g, abgetropft) | 1 EL Chia- oder Leinsamen, gemahlen | Salz | Pfeffer | einige Pistazien

Zubereitungszeit: 20 Minuten

Nährwerte: Kalorien: 308 kcal | Eiweiß: 15 g | Kohlenhydrate: 49 g | Fett: 8 g

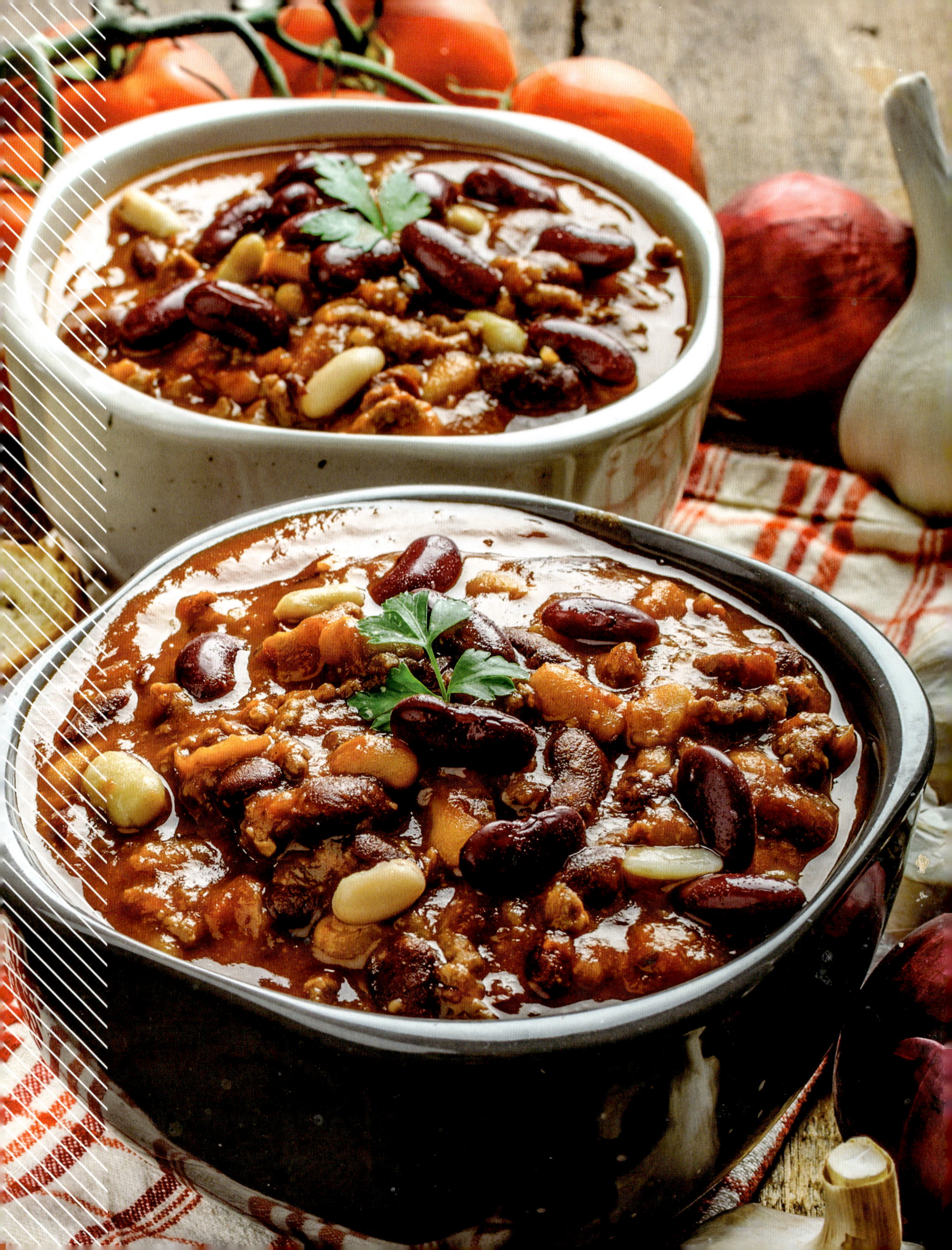

BLITZ-CHILI

Ein Chili kombiniert das Protein aus dem Fleisch mit den wertvollen Ballaststoffen aus Bohnen, unseren wunderbaren Hülsen-Freunden. Und dieses hier ist auch noch blitzschnell zubereitet!

Zutaten für 2 Portionen
1 Zwiebel
1 Knoblauchzehe
1 TL Kokosöl
500 g Putenhackfleisch
1 gelbe Paprikaschote
1 Dose Kidneybohnen (440 g, abgetropft)
1 Dose Tomaten (440 g)
100 ml Tomatenmark
1 EL Chiligewürz
etwas Pfeffer und Salz

Zubereitung
1. Die Zwiebel und die Knoblauchzehe schälen und hacken, Kokosöl in einer Pfanne erhitzen. Das Hackfleisch mit Zwiebel und Knoblauch etwa 3 Minuten scharf anbraten. Zwischendurch immer wieder kurz mischen, bis das Fleisch gar ist.

2. Die Paprikaschote waschen, putzen und in 1,5 cm große Würfel schneiden.

3. Dann Paprika und Kidneybohnen zum Fleisch dazugeben und etwa 1 Minute alles zusammen weiterbraten.

4. Die Tomaten, das Tomatenmark und das Chiligewürz hinzugeben. Die Mischung kurz aufkochen lassen.

5. Jetzt die Hitze reduzieren, noch 3 Minuten köcheln lassen und das Chili mit Salz und Pfeffer abschmecken.

Zubereitungszeit
12 Minuten

Nährwerte
Kalorien: 761 kcal
Eiweiß: 76 g
Kohlenhydrate: 80 g
Fett: 19 g

Tipp
Chili wird beim Aufwärmen nur besser – deshalb ist es die perfekte Wahl, wenn du für einen der nächsten Tage noch eine leckere Mahlzeit haben möchtest, die im Handumdrehen fertig ist. Einfach 2 Portionen zubereiten, eine genießen – die andere im Kühlschrank (bis zu 2 Tagen) aufbewahren oder einfrieren.

TACO-TIME

VEGETARISCH

Alle lieben Tacos! Kein Wunder, sind sie doch schnell auf dem Tisch und super lecker.

Zubereitung

1. Die Linsen in wenig Wasser einige Minuten kochen.

2. Dann zusammen mit Tomatenmark, Chilisauce, Chilipulver, Olivenöl und Salsasauce bei mittlerer Hitze einige Minuten köcheln lassen.

3. Alles in einem Tortilla-Wrap oder mit den Mais-Tacos anrichten und den Käse darüberstreuen. Mit den Salatblättern dekorieren.

Zutaten für 1 Portion
250 g gelbe oder rote Linsen | 1 EL Tomatenmark | 1 Schuss scharfe Chilisauce | 1 Prise Chilipulver | 1 EL Olivenöl | 3 EL Salsasauce | 1 Tortilla-Wrap oder 3 Mais-Tacos | 50 g Gouda, gerieben | 2–3 Salatblätter

Zubereitungszeit: 15 Minuten

Nährwerte: Kalorien: 762 kcal | Eiweiß: 41 g | Kohlenhydrate: 83 g | Fett: 33 g

LOW-CARB-PIZZA

Der Klassiker mal ganz anders: eine Pizza auf Thunfischbasis.

Zubereitung

1. Den Thunfisch mit den Eiern vermengen und auf ein mit Backpapier belegtes Backblech geben.

2. Den Mozzarella, die Pilze und Tomaten putzen und in Scheiben schneiden.

3. Die Thunfisch-Ei-Masse damit belegen und alles 15 Minuten lang im Backofen bei 200° C ausbacken.

Tipp

Ganz nach Belieben und Geschmack kann die Pizza auch mit anderem Gemüse belegt oder gewürzt werden.

Zutaten für 1 Portion

1 Dose Thunfisch im eigenen Saft (abgetropft 150 g) | 2 Eier | 100 g Mozzarella | 50 g Pilze | 2 kleine Tomaten

Zubereitungszeit: 20 Minuten

Nährwerte: Kalorien: 525 kcal | Eiweiß: 80 g | Kohlenhydrate: 23 g | Fett: 12 g

LACHS AUF FRÜHLINGSGEMÜSE

Gedünsteter Lachs auf knackigem Gemüse – damit punktet man sogar, wenn Besuch kommt.

Zubereitung

1. Die Möhren und den Fenchel putzen und mit dem Sparschäler in feine Streifen schneiden. Die Frühlingszwiebeln und den Knoblauch schälen und kleinschneiden.

2. Die Butter in einer Pfanne schmelzen. Dann das Gemüse darin etwa 5 Minuten bissfest dünsten.

3. In der Zwischenzeit die Orange halbieren, auspressen und den Saft auffangen.

4. Den Zucker zum Gemüse geben, kurz karamellisieren, salzen, pfeffern und mit dem Orangensaft und Wein ablöschen.

5. Den Lachs mit Salz und Pfeffer bestreuen, auf das Gemüse in der Pfanne legen und diese mit einem Deckel verschließen. Alles bei mittlerer Hitze etwa 5 Minuten dünsten.

6. Danach den Dill darüberstreuen und alles weitere 5 Minuten in der geschlossenen Pfanne dünsten.

Zutaten für 1 Portion

3 mittelgroße Möhren
½ Fenchelknolle
2 Frühlingszwiebeln
1 Knoblauchzehe
½ EL Butter
½ Orange
1 TL Zucker
Salz
Pfeffer
50 ml Weißwein
200 g Lachsfilet ohne Haut
1 TL Dill, gehackt

Zubereitungszeit

20 Minuten

Nährwerte

Kalorien: 579 kcal
Eiweiß: 57 g
Kohlenhydrate: 42 g
Fett: 18 g

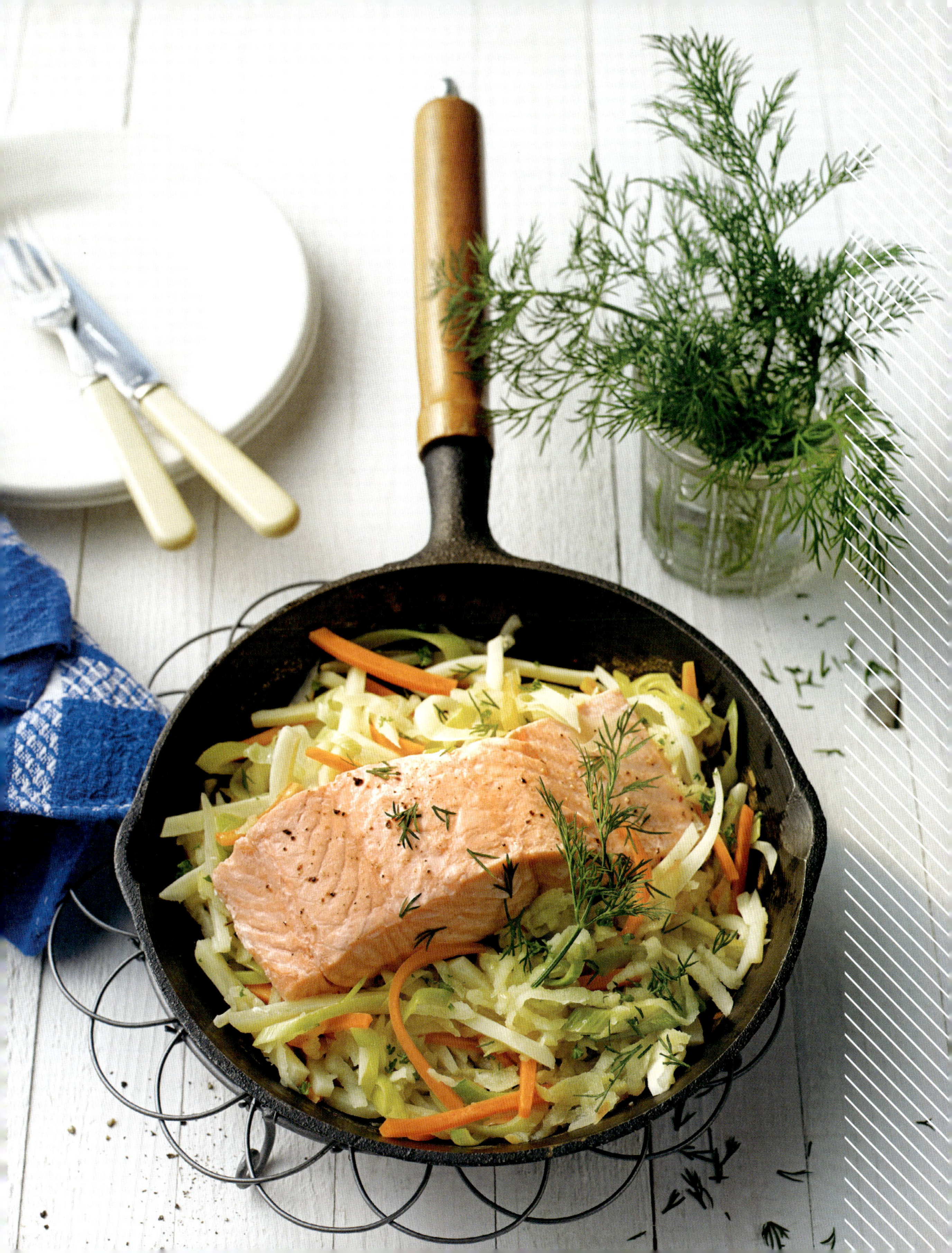

KARTOFFEL-BOHNEN-TOPF

Deftige Hausmannskost, die auch Veganern schmeckt.

Zubereitung

1. Zuerst die Kartoffeln schälen, würfeln und mit den Linsen zusammen in etwas Wasser fast gar kochen. Dann die Erbsen hinzugeben und alles zusammen weitere 5 Minuten köcheln lassen, bis alles gar ist.

2. Währenddessen Karotten, Zucchini und Zwiebel putzen, in kleine Stücke schneiden und in einer größeren Pfanne in Albaöl anbraten.

3. Anschließend die Bohnen sowie die Kartoffeln, Linsen und Erbsen mit in die Pfanne geben.

4. Je nach Geschmack mit Salz und Pfeffer würzen.

Tipp
Etwas Chili gibt dem Eintopf noch ein klein wenig Schärfe.

Zutaten für 1 Portion
2 mittelgroße Kartoffeln (zusammen etwa 200 g) | 80 g Linsen | 100 g TK-Erbsen | 200 g Karotten | 200 g Zucchini | 1 rote Zwiebel | 1 EL Albaöl | 100 g Kidneybohnen aus der Dose | Salz | Pfeffer
Zubereitungszeit: 25 Minuten
Nährwerte: Kalorien: 630 kcal | Eiweiß: 30 g | Kohlenhydrate: 128 g | Fett: 3 g

Hauptgerichte

MÖHRENTAGLIATELLE MIT GARNELEN

Pasta mal ganz anders. Diese Tagliatelle sind eine knackige Variante des Gewohnten.

Zubereitung

1. Die Erbsen auftauen lassen. Wasser mit etwas Salz zum Kochen bringen. Die Möhren putzen, waschen und mit einem Gemüseschäler in dünne Streifen hobeln.

2. Die Möhrenstreifen im Salzwasser 2 Minuten blanchieren. Mit kaltem Wasser abschrecken und in einem Sieb abtropfen lassen.

3. Die Garnelen abbrausen, trocken tupfen, salzen und mit Sambal Oelek bestreichen.

4. In einer großen beschichteten Pfanne 1 TL Rapsöl erhitzen. Die Garnelen darin von beiden Seiten anbraten. Herausnehmen und beiseitestellen.

5. In der gleichen Pfanne das Olivenöl erhitzen. Die Möhrenstreifen darin unter Rühren 1 Minute scharf anbraten. Mit Chilisauce, Salz und Pfeffer abschmecken. Garnelen, Erbsen und rosa Pfefferbeeren dazugeben, unter Rühren noch 2–3 Minuten garen.

Zutaten für 1 Portion
75 g TK-Erbsen | 500 g Möhren | 200 g Garnelen oder Shrimps | 1 Msp. Sambal Oelek | 1 TL Albaöl | 1 TL Olivenöl | 1 EL asiatische Chilisauce süß-scharf | Salz | Pfeffer | 2 TL rosa Pfefferbeeren
Zubereitungszeit: 30 Minuten
Nährwerte: Kalorien: 694 kcal | Eiweiß: 55 g | Kohlenhydrate: 71 g | Fett: 17 g

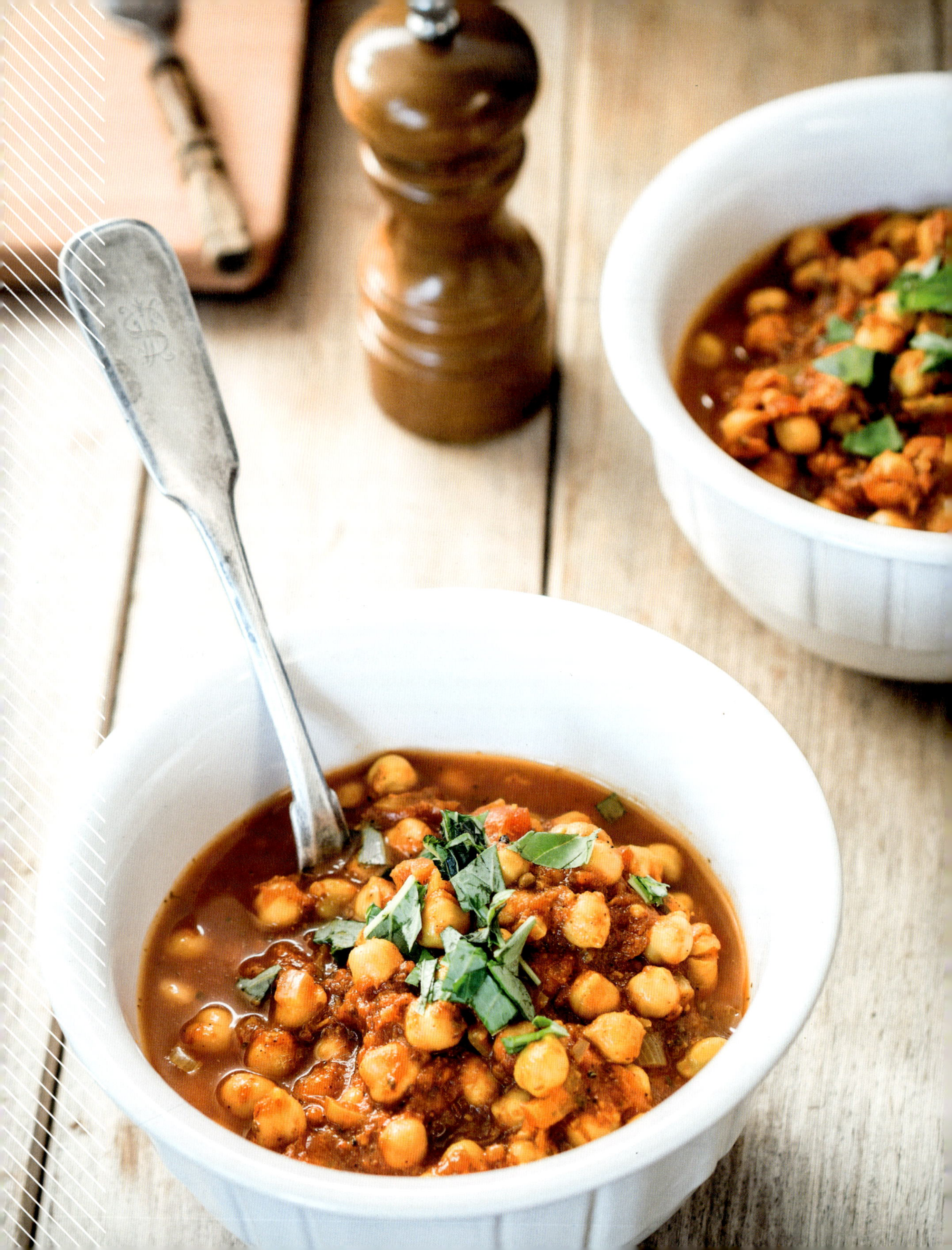

KICHERERBSEN-CURRY

VEGAN

Ich liebe Kichererbsen! In diesem Curry spielen sie die Hauptrolle.

Zutaten für 1 Portion
- 2 rote Zwiebeln
- 1 TL Rapsöl
- 2 TL Currypulver
- 2 mittelgroße Tomaten
- 1 Dose Kichererbsen (ca. 220 g, abgetropft)
- Salz
- Pfeffer
- Currypulver
- 1 Paket Babyspinat (ca. 150 g)

Zubereitungszeit
15 Minuten

Nährwerte
Kalorien: 527 kcal
Eiweiß: 24 g
Kohlenhydrate: 87 g
Fett: 12 g

Zubereitung

1. Die Zwiebeln schälen, klein würfeln und im Rapsöl in einer Pfanne glasig andünsten. Currypulver hinzufügen und gut mit den Zwiebeln vermengen.

2. Die Tomaten waschen und in kleine Würfel schneiden.

3. Dann die Tomaten und die Kichererbsen zu den Zwiebeln geben und 5–10 Minuten köcheln lassen.

4. Zum Schluss mit Salz, Pfeffer und nach Geschmack noch etwas Currypulver abschmecken.

5. Den Babyspinat waschen, etwas hacken, das Curry in eine Schale geben und den Spinat drüberstreuen.

Tipp
Für mehr Vielfalt kannst du auch noch Zucchini, Pilze oder Blumenkohl hinzufügen.

4

RICHTIGES KRAFTTRAINING

Richtiges Krafttraining ist Wissenschaft und Kunst. Dieses Kapitel soll dir die Erfolgsprinzipien des richtigen Krafttrainings vermitteln. Du wirst erfahren, warum das Training mit Gewichten das Abnehmen und den Muskelaufbau leichtmachen. Ich gebe dir das Onboarding-Workout und das Looking-Good-Naked-Trainingsprogramm an die Hand, damit du je nach Trainingsstatus erfolgreich starten kannst.

DIE GRUNDLAGEN DES KRAFTTRAININGS

Kombiniere eine ausgewogene Ernährung mit geeignetem Krafttraining und du nutzt das, was du isst, für den Aufbau neuer Muskeln. Progressives Hanteltraining – also Krafttraining, dessen Intensität mit deiner Kraft mitwächst – ist das mächtigste Werkzeug in deiner Looking-Good-Naked-Toolbox. Eine Kombination aus Muskelaufbautraining und ausgewogener Ernährung verbrennt mehr Fett und transformiert deinen Körper in kürzerer Zeit als jede andere Art des Trainings. Ohne ein Kaloriendefizit kann kein Trainingsprogramm der Welt dein Fett zum Schmelzen bringen. Wenn du smart bist, denkst du noch einen Schritt weiter. Vermutlich willst du nicht nur schlank **werden,** sondern auch **bleiben.** Und wahrscheinlich möchtest du auch deinen Körperbau verbessern – und nackt gut aussehen. Wenn du deinen Körperbau langfristig verändern willst, ist Krafttraining genauso wichtig wie die Ernährung. Ein und derselbe Trainingsplan kann beides leisten: Fettabbau und Muskelaufbau.

WIE KRAFTTRAINING DICH STARK UND SCHLANK MACHT

Seit mehr als 17 Jahren beschäftige ich mich mit Krafttraining, habe zahlreiche Bücher gelesen, Menschen gecoacht und Seminare besucht – und ich lerne noch immer dazu. Die meisten Menschen denken beim Training mit Gewichten an Bodybuilding und Kraftsport. Bodybuilder oder Gewichtheber müssen logischerweise nicht überzeugt werden, ihren Fokus auf das Training mit schweren Gewichten zu legen. Doch auch für den moderaten Muskelaufbau und um abzunehmen, muss man ran an die Hanteln. Bist du bereit? Dann los!

Der erste Hauptsatz der Thermodynamik besagt, dass Energie nicht vernichtet werden kann. Sie kann lediglich von einer Form in eine andere umgewandelt werden. Das bedeutet: Bleibst du ein Stubenhocker, so wird diese Energie fast ausschließlich in Fett umgewandelt. Doch wenn du regelmäßig Krafttraining machst, verbrennst du eine Menge Kalorien, womöglich sogar mehr als bei einem Kardiotraining. Außerdem erhöhst du deinen Kalorienverbrauch auch über das Training hinaus. Vom „Nachbrenneffekt" hast du vielleicht schon einmal gehört. Meist wird er aber nur mit Intervalltraining in Verbindung gebracht. Die wenigsten wissen, dass Krafttraining einen ebenso hohen Nachbrenneffekt erzeugen kann wie Kardiotraining. Zusätzlich kostet es deinen Körper Energie, die durch das Training verursachten Mikroverletzungen in deinen Muskeln zu reparieren und neue Struktur aufzubauen. Und das sind nur die kurzfristigen Effekte! Langfristig steigerst du auch noch mit jedem Gramm Muskulatur, das du aufbaust, deinen Grundumsatz. Je stärker du bist, desto mehr Kalorien verbrennst du – 24 Stunden lang, sieben Tage die Woche. Also auch dann, wenn du herumsitzt und Fitnessbücher liest.

Fitnesstraining mit Gewichten hatte viele Jahre ein schlechtes Image. Die meisten Menschen sahen Kraftsportler eher als Freaks an. Selbst Ärzte rieten davon ab und empfahlen stattdessen Ausdauersport. Zum Glück sind diese Zeiten vorbei. Heute machen alle Leistungssportler Krafttraining. Jede Profimannschaft hat einen Fitnesscoach an ihrer Seite. Ärzte verschreiben Krafttraining für ein stärkeres Herz-Kreislauf-System, stärkere Knochen und um altersbedingten Muskelabbau zu stoppen. Psychologen empfehlen es als Antidepressivum oder um das Selbstvertrauen zu erhöhen. Kurz: Richtiges Krafttraining und Kardiotraining in der richtigen Dosis sind als das R und das K der M.A.R.K.- Formel (siehe ab Seite 10) perfekte Gefährten.

Die sieben Trainingsprinzipien für starke, definierte Muskeln

Bevor wir an die Gewichte gehen, solltest du die wichtigsten Grundlagen kennen, die richtiges Krafttraining ausmachen. Trainingsprogramme sind wie Modetrends, sie kommen und gehen – aber die Prinzipien, die ein Training effektiv machen, verändern sich nicht. Wenn du dein Training auf Grundlage dieser Prinzipien gestaltest, liegst du immer richtig.

Das Prinzip der kontinuierlichen Überlastung

Das Überlastungsprinzip ist vermutlich der wichtigste Erfolgsfaktor im Krafttraining überhaupt. Auf den Punkt gebracht besagt es, dass du immer wieder deine eigenen Rekorde brechen willst. Das kannst du auf verschiedene Arten erreichen: Du bewegst höhere Gewichte, führst mehr Wiederholungen einer Übung aus oder erhöhst die Trainingsintensität auf eine andere Weise. Das heißt, du verlässt deine Komfortzone und zeigst deinem Körper damit, dass er stärker werden darf. Deine Muskeln wachsen nur dann, wenn du sie im Training Schritt für Schritt stärker auslastest. Bei Einsteigern ist es nicht ungewöhnlich, dass sie von Woche zu Woche oder gar von Workout zu Workout mehr Gewicht bewegen können. Fortgeschrittene dürfen hier etwas geduldiger sein, aber das Ziel bleibt das gleiche: Du willst besser werden.

Dazu gebe ich dir für jede Übung einen Wiederholungsbereich vor (zum Beispiel acht bis zwölf Wiederholungen), der dir dabei hilft, das Überlastungsprinzip in die Praxis umzusetzen. Sobald du die obere Grenze erreicht hast (also zwölf Wiederholungen mit perfekter Technik schaffst), erhöhst du das Gewicht und beginnst wieder mit der niedrigsten Wiederholungszahl.

Von der Theorie in die Praxis: Das Prinzip der kontinuierlichen Überlastung

Lass uns das am Beispiel der Übung Kreuzheben mit Langhantel (siehe Seite 135) einmal durchgehen. Angegeben sind hier acht bis zwölf Wiederholungen. Und so gehst du von einer Trainingseinheit zur anderen damit um:

Gewicht (kg)	Wiederholungen	dein Fortschritt
40	8	Wähle ein Gewicht, mit dem du die untere Anzahl Wiederholungen sauber schaffst.
40	9	Eine Wiederholung mehr.
40	10	Eine Wiederholung mehr.
40	11	Eine Wiederholung mehr.
40	12	Ziel erreicht! Nächstes Mal steigerst du das Gewicht.
42,5	8	Es geht mit der unteren Grenze an Wiederholungen weiter.
42,5	9	Eine Wiederholung mehr.

…und weiter nach diesem Prinzip!

Dieses Beispiel ist bewusst vereinfacht dargestellt. Normalerweise reagiert dein Körper nicht so linear. Gut möglich, dass du für einige Workouts lediglich die Leistung deines letzten Trainings reproduzieren kannst, bevor du wieder einen Schritt nach vorn machst. Manchmal nimmst du auch mehrere Stufen auf einmal, oder du gehst eine zurück. Aber wenn du nur eine Wiederholung mehr schaffst, dann ist das Fortschritt.

Das Prinzip der Trainingsintensität

Je anstrengender du dein Training empfindest, desto höher ist die Trainingsintensität. Wenn du das Gewicht richtig gewählt hast, dann dürfen die letzten zwei bis drei Wiederholungen dir schwerfallen. Wenn du fühlst, wie deine Muskeln mehr und mehr brennen, das Gewicht schwerer und schwerer zu werden scheint und du spürst, wie sich Erschöpfung in dir breitmacht, dann bist du auf dem richtigen Weg.

Wenn du andererseits an der oberen Wiederholungsgrenze anstößt – bei acht bis zwölf Wiederholungen wären das die zwölf – und eigentlich wären noch drei oder vier weitere Wiederholungen drin, dann ist das Gewicht zu leicht und die Intensität zu niedrig. Den „guten Schmerz", das Brennen deiner Muskeln während der letzten Wiederholungen, darfst du also akzeptieren. Aber du solltest niemals weitertrainieren, wenn du „schlechten Schmerz", hervorgerufen durch eine Verletzung, fühlst.

Das Prinzip der optimalen Wiederholungszahl

Über die Wiederholungszahl kannst du den Effekt deines Trainings steuern. Je schwerer das Gewicht, desto weniger Wiederholungen schaffst du mit sauberer Technik. Ein Trainingssatz mit sehr schwerem Gewicht und wenig Wiederholungen hilft dir, stärker zu werden. Mit zunehmender Wiederholungszahl sinkt der Fokus auf Kraftentwicklung. Dafür stimulierst du das Wachstum deiner Muskeln – ein Prozess, der deinen Körper viel Energie kostet – also Kalorien frisst! Im Bereich von über 15 Wiederholungen sinkt der Wachstumsreiz wieder und du kommst in die Region des Kraftausdauertrainings. Für unsere Zwecke – Fettabbau und muskuläre Entwicklung – ist das Training im Bereich von 6 bis 15 Wiederholungen mit mittleren bis schweren Gewichten ideal.

Hier nochmal auf einen Blick:

Wiederholungen	Gewicht	größter Trainingseffekt für:
2–5	sehr schwer	Kraftaufbau
6–10	schwer	Kraft- und Muskelaufbau
11–15	mittel	Muskelaufbau und etwas Kraftausdauer
über 15	leicht	Kraftausdauer

Das Prinzip des optimalen Gewichts

Gerade Einsteiger wissen oft nicht, wie viel Gewicht sie verwenden sollten oder wie es sich anfühlen soll. Um das herauszubekommen, mache dich zunächst immer mit der Technik der Übung vertraut und verwende dazu ein leichtes Gewicht. Wenn du die Übung beherrschst, passt du das Gewicht an. Am einfachsten findest du auch bei den folgenden Trainingseinheiten dann immer wieder das richtige Gewicht, indem du dich an den Wiederholungszahlen in deinem Trainingsplan orientierst und ein Gewicht wählst, von dem du glaubst, dass du damit die gegebene Wiederholungszahl schaffst. Dazu kannst du dich vorsichtig an das perfekte Trainingsgewicht herantasten. Wenn du mehr Wiederholungen bewältigen kannst als vorgegeben, erhöhst du das Gewicht im nächsten Satz.

Das Prinzip der optimalen Satzpause

Die Pause zwischen deinen Trainingssätzen ist eine weitere Möglichkeit, Intensität und Effekt deines Trainings zu steuern. Du kannst eine Satzpause sehr kurz (30 Sekunden), kurz (eine Minute), mittellang (zwei Minuten) oder lang (drei Minuten) gestalten. Je länger die Pause ist, desto mehr Zeit gibst du deinen Muskeln, um neue Energie für den nächsten Trainingssatz bereitzustellen. Eine Pause von 60 bis 90 Sekunden ist ideal, wenn du einen möglichst hohen Wachstumsreiz setzen willst. Wer mehr auf Kraft- als auf Muskelaufbau setzt, sollte eher zwei bis drei Minuten pausieren, um den Muskeln mehr Zeit zur Regeneration zu geben und den nächsten Satz mit maximaler Kraft durchzuführen. Du kannst auch einen Timer verwenden, um deine Satzpausen zu stoppen.

Sehr kurze 30-Sekunden-Satzpausen sind eine gute Möglichkeit, Zeit zu sparen. Du schaffst mehr Trainingssätze in kürzerer Zeit und erhöhst dadurch die **Trainingsdichte.** Ein weiterer Vorteil ist, dass du mehr Kalorien pro Zeiteinheit verbrennst. Allerdings wirst du auch merken, dass du mit zunehmender Ermüdung weniger Gewicht bewegen kannst. Kurze Satzpausen sind daher nicht so effektiv, wenn du in erster Linie Kraft aufbauen willst. Wenn du die Pausen noch weiter verkürzt oder ganz darauf verzichtest, entfernst du dich immer mehr vom richtigen Krafttraining. Dann kommst du in den Bereich des Kardiotrainings, das andere Aufgaben erfüllt (siehe ab Seite 162).

Das Prinzip des optimalen Tempos

Mit Tempo meine ich die Geschwindigkeit, mit der du jede Wiederholung durchführst. Hier gibt es ganz unterschiedliche Ansätze, aber die besten Ergebnisse habe ich mit dem simplen Ansatz gesehen, den ich dir jetzt vorstelle: Die meisten in diesem Buch vorgestellten Übungen bestehen aus **zwei Bewegungsphasen** – dem Anheben (konzentrische Phase) und dem Absenken (exzentrische Phase) des Gewichts. Bei einem Bizepscurl kontrahiert dein Bizeps und wird kürzer, während du das Gewicht in Richtung deiner Schulter bewegst – das ist die konzentrische Phase. Diesen Teil der Übung solltest du rasch, aber kontrolliert durchführen. Je nach Übung dauert das ein bis zwei Sekunden. Es ist normal, dass die konzentrische Phase gegen Ende eines Satzes langsamer vonstattengeht. Schließlich ermüdest du deine Muskeln. Bei der exzentrischen Phase senkst du das Gewicht ab. Hier gehst du etwas langsamer vor: Drei bis vier Sekunden sind optimal.

Das Prinzip der Abwechslung

Wenn du das Überlastungsprinzip anwendest und kontinuierlich daran arbeitest, deine bisherigen Rekorde zu brechen, kannst du mit einem ordentlichen Trainingsprogramm über Wochen oder gar Monate Fortschritte machen. Während Einsteiger mit ein und demselben Trainingsprogramm viele Monate vorankommen können, landest du nach jahrelangem kontinuierlichen Training vielleicht schon nach vier bis acht Wochen auf einem Leistungsplateau und brauchst neue Impulse (siehe ab Seite 178). Daneben bringt eine Anpassung deiner Workout-Struktur oder einzelner Übungen frischen Wind in deine Routine und motiviert.

Am besten ist es dabei, wenn du ein funktionierendes Trainingsprogramm so lange wie möglich „ausquetschst", bevor du einen neuen Trainingszyklus mit einem veränderten Workout beginnst. Du kannst ein Workout so lange durchziehen, wie du Fortschritte siehst. Meist ist dieser Zeitpunkt nach etwa zwölf Wochen gekommen.

Von der Theorie zur Praxis: Wie du die Prinzipien umsetzt

Ich weiß, möglicherweise waren das eine Menge Details – besonders, wenn du gerade erst ins Krafttraining einsteigst. Aber wenn du mit den Trainingsplänen in diesem Kapitel loslegst, wirst du schnell sehen, wie du die Prinzipien ganz automatisch praktisch anwendest. Vielleicht kommst du regelmäßig hierher zurück und machst dir die einzelnen Prinzipien bewusst, während du fühlst, wie dein Körper sich kontinuierlich verändert.

Welche Kraftübungen transformieren deinen Körper am schnellsten?
Es gibt Tausende von Fitnessübungen. Einige sind sehr effektiv, auf andere kannst du

guten Gewissens verzichten. Denn die Trainingsprinzipien konsequent zu verfolgen, hilft wenig, wenn dein Trainingsplan auf den falschen Übungen fußt.

Die vier Top-Eigenschaften hocheffektiver Fitnessübungen

Die meisten Fitnessübungen sind schlicht und einfach Variationen einiger Grundübungen. Diese grundlegenden Bewegungsmuster findest du in allen Trainingsplänen, die viel bringen und wenig Zeit kosten. Wenn eine Fitnessübung die folgenden vier Voraussetzungen erfüllt, ist sie ein Champion:

1. Sie ist **funktionell.** Die Übung bildet alltägliche Bewegungsmuster ab.
2. Sie beansprucht **sehr viel Muskelmasse** gleichzeitig.
3. Sie involviert **mehr als nur ein Gelenk.**
4. Du brauchst **viel Energie,** um sie durchzuführen.

Die Kniebeuge beispielsweise gehört zu den effektivsten Grundübungen für zu Hause und fürs Studio. Wenn du Körperfett abbauen, Muskeln aufbauen oder einen schön definierten Körper haben willst, dann sind Kniebeugen die erste Wahl für dein Trainingsprogramm!

- Eine Kniebeuge ist **funktionell:** Wie häufig stehst du täglich auf und setzt dich wieder hin?
- Nur wenige Fitnessübungen aktivieren eine solch **große Muskelmasse** wie die Kniebeuge. Bei der Kniebeuge mit Langhantel steht der komplette Körper unter Höchstspannung.
- Die Kniebeuge involviert **mehrere Gelenke:** Knie-, Hüft- und Fußgelenk.
- Kniebeugen sind echte **Energiefresser,** deswegen bringen sie dich auch schnell ins Schwitzen.

Weitere hocheffektive Fitnessübungen sind Ausfallschritte, Rudern und Zugübungen, Druckübungen und Rumpfübungen.

Der richtige Mix aus Grund- und Isolationsübungen

Grundübungen wie Kniebeugen, Kreuzheben, Rudern oder Liegestütze sind das Fundament für jeden effektiven Trainingsplan. Isolationsübungen wie Bizepscurls,

Trizepsdrücken, Seitheben oder Wadenheben helfen dir, Akzente zu setzen, während du deinen Körper formst. Ein Bekannter – er ist gelernter Tischler – würde es vermutlich so ausdrücken:

> Grundübungen sind wie ein Hobel, sie bringen dir schnelle Fortschritte. Isolationsübungen sind das Schleifpapier, mit dem du die letzten Feinheiten herausarbeitest.

Es gibt Menschen, die von Anfang an am Feinschliff arbeiten – und bestenfalls in Mikroschritten vorankommen. Wenn ein Trainingsplan stärker auf Isolationsübungen setzt als auf Grundübungen, wird er nicht effektiv sein. Konkret heißt das, du würdest weniger Kalorien verbrennen und weniger Fettabbau- und Muskelaufbau-Hormone ausschütten. Daher: Die Grundübungen sind die Basis, die Isolationsübungen sind das i-Tüpfelchen in deinem Trainingsplan.

Etabliere ein Feedbacksystem – miss deine Fortschritte

Damit du überhaupt feststellen kannst, ob du Fortschritte machst, brauchst du ein Feedbacksystem (mehr dazu ab Seite 26). Dazu gehört auch, dass du deinen Körperbau misst. Hierfür kannst du die Waage, eine Körperfettwaage und auch Fotos nutzen.

Die Energiebilanz – also das Verhältnis aus Kalorienaufnahme und -verbrauch – ist eine weitere entscheidende Messgröße. Du willst möglichst genau wissen, wie viele Kalorien du aufnimmst und wie viele du verbrauchst. Indem du ein Ernährungstagebuch (siehe Seite 52) führst, verschaffst du dir einen Überblick über deine Kalorienaufnahme. Den Kalorienverbrauch kannst du auf Knopfdruck mit meinem Kalorienrechner berechnen **(www.lgnbuch.de)**. Dieser Wert ist die „Baseline", mit der du loslegst. Danach kannst du deine Kalorienaufnahme anhand deiner wöchentlichen Fortschritte nachjustieren. Neu zu berechnen ist der Kalorienverbrauch erst, wenn du deine Marschrichtung änderst – zum Beispiel, wenn du vom Fettabbau auf Muskelaufbau wechselst (oder umgekehrt).

So gehst du vor, wenn du Fett abbauen willst

Die Prozesse, die in deinem Körper ablaufen, um deine Fettdepots zu plündern, sind komplex. Aber die Voraussetzung dafür ist simpel: Indem du mehr Energie verbrauchst, als du aufnimmst, stellst du ein Kaloriendefizit her. Wenn du für ein Defizit von etwa

3.500 Kalorien pro Woche sorgst, baust du bis zu einem halben Kilo Körperfett ab. Das erreichst du idealerweise über eine sinnvolle Kombination aus Training (erhöhter Verbrauch) und Ernährung (reduzierte Aufnahme).

Je nach Zielsetzung kann das Defizit etwa 10 bis 30 Prozent betragen. Dabei sind 10 bis 15 Prozent ein konservativer Ansatz. Wenn du aggressiv vorgehen willst, kannst du ein Defizit von 25 bis 30 Prozent wählen. Frauen dürfen hier etwas vorsichtiger sein (zehn bis maximal 20 Prozent). Der Vorteil eines konservativen Defizits ist, dass du vor Muskelabbau geschützt bist, der Prozess angenehmer ist und dir mehr Spielraum lässt. Andererseits darfst du etwas mehr Geduld mitbringen. Je niedriger dein Körperfettanteil beim Start ins Programm ist, desto konservativer solltest du vorgehen.

Der Vorteil eines aggressiven Defizits liegt auf der Hand: Dein Körperfettanteil sinkt schneller. Der Nachteil ist, dass du dabei riskierst, auch kostbare Muskulatur abzubauen. Denn wenn das Kaloriendefizit zu hoch ist, interpretiert dein Körper das als Hungersnot. Er versucht, dich zu schützen, indem er ein uraltes Überlebensprogramm aktiviert: Stoffwechselrate, Sexdrive, Bewegungsdrang und Kalorienverbrauch sinken ab und dein Hungergefühl steigt. Außerdem baut der Körper dann auch Muskulatur ab – und weniger Muskeln bedeuten weniger Kalorienverbrauch. Du würdest nach der Diät leicht Fett ansetzen – der gefürchtete Jo-Jo-Effekt droht.

Hier ein Beispiel für ein konservatives Kaloriendefizit (15 Prozent)

- Dein täglicher Kalorienbedarf beträgt 1.979 Kalorien
- Dein Kaloriendefizit beträgt 15 Prozent (0,15 x 1.979 = 297 Kalorien)
- Deine optimale Kalorienaufnahme für Fettabbau: 1.682 Kalorien
- Gewichtsabnahme (Prognose): etwa 0,3 Kilogramm pro Woche

Und ein Beispiel für ein aggressives Kaloriendefizit (30 Prozent)

- Dein täglicher Kalorienbedarf beträgt 1.979 Kalorien
- Dein Kaloriendefizit beträgt 30 Prozent (0,3 x 1979 = 594 Kalorien)
- Deine optimale Kalorienaufnahme für Fettabbau: 1.385 Kalorien
- Gewichtsabnahme (Prognose): etwa 0,6 Kilo pro Woche

Wenn du Muskeln aufbauen willst …

Wenn du dich fragst, ob du besser zuerst Muskeln aufbaust oder damit anfangen solltest, Fett abzubauen, dann ist die Antwort simpel: Fettabbau kommt vor Muskelaufbau. Sobald du den für dich idealen Körperfettanteil erreicht hast, kannst du dein Ziel anpassen und stärker werden – wenn du das möchtest. Sobald dieser Zeitpunkt gekommen ist, gehst du wie folgt vor:

- Du trainierst weiterhin mit schweren Gewichten und versuchst, deine eigenen Rekorde im Training (also das Gewicht oder die Anzahl der Wiederholungen bei einer Übung) regelmäßig zu brechen.
- Du erhöhst deine Kalorienaufnahme langsam und schrittweise, bis du einen Kalorienüberschuss von etwa 15 Prozent erreichst.

Wenn du bisher mit einem Kaloriendefizit von 20 Prozent Fett abgebaut hast, musst du jetzt deutlich mehr essen!

Beispiel: Kalorienüberschuss für Muskelaufbau (15 Prozent)

- Dein täglicher Kalorienbedarf beträgt 1.979 Kalorien
- Dein Kalorienplus beträgt 15 Prozent (0,15 multipliziert mit 1.979 = 297 Kalorien)
- Deine optimale Kalorienaufnahme für Muskelaufbau: 2.276 Kalorien

Reales Feedback steht an erster Stelle – vor Formeln und Faustregeln. Es gibt nur eine einzige Möglichkeit, um herauszufinden, ob deine Einschätzung korrekt ist: Du legst los mit deiner Einschätzung als „Baseline" und nutzt dein wöchentliches Feedback, um – wenn nötig – Anpassungen zu machen.

> Wenn du nicht die Resultate bekommst, die du dir erhofft hattest, korrigierst du deine Kalorienaufnahme und/oder dein Trainingspensum.

Diese Feedbackschleife wiederholst du, bis du wieder auf Kurs bist. Mehr über Feedbacksysteme liest du ab Seite 26. Wie du ein Dranbleiber wirst, also dich auch bei Rückschlägen oder in Phasen ohne sichtbare Fortschritte weiter motivierst und durchhältst, liest du ab Seite 176.

Passe deine Kalorien schrittweise an

Es kann sinnvoll sein, wenn du deine Kalorienaufnahme nicht schlagartig, sondern schrittweise erhöhst oder absenkst. Sobald du dir einen Überblick über deine aktuelle Kalorienaufnahme verschafft und deinen optimalen Kalorienbedarf berechnet hast, vergleiche die beiden Zahlen. Liegen sie sehr weit auseinander, solltest du die Anpassung lieber schrittweise vollziehen. Dadurch fällt es dir nicht nur leichter, dich an die neuen Rahmenbedingungen zu gewöhnen. Auch dein Stoffwechsel passt sich leichter an. Wenn du beispielsweise gerade aus einer Fettabbau-Phase in den Muskelaufbau schwenkst, könnte eine zu abrupte Erhöhung der Kalorienzufuhr dazu führen, dass du unnötiges Fett ansetzt. In der Arbeit mit meinen Klienten habe ich die besten Erfahrungen damit gemacht, die Energiezufuhr schrittweise um 100 bis 200 Kalorien pro Woche anzuheben beziehungsweise abzusenken.

SO VERFOLGST DU, WIE DEIN KÖRPER SICH VERÄNDERT

Um auf Kurs zu bleiben, solltest du insgesamt drei Werte oder Aspekte im Auge behalten:
- Körpergewicht
- Körperfettanteil
- Aussehen

Es reicht aus, wenn du diese drei Werte einmal pro Woche checkst. Montag ist ein guter Tag dafür. Den meisten Menschen hilft das, auch am Wochenende auf Kurs zu bleiben.

Körpergewicht

Gleich vorweg: Tägliches Wiegen ist unnötig. So schnell machst du keine messbaren Fort- oder Rückschritte. Du machst dich durch das dauernde Wiegen nur verrückt, weil die Waage alle natürlichen Schwankungen misst. Es gibt zahlreiche Studien, die belegen, dass Menschen, die ihr Körpergewicht verfolgen, bessere Fortschritte machen. Der Trick dabei ist, dass du deinem Körpergewicht die richtige Bedeutung gibst. Was das heißt? Stell dir vor, du bist definiert und muskulös – nichts wackelt (es sei denn, es soll). Kurz: Was du im Spiegel siehst, haut dich vom Hocker. Würdest du dich dann darum scheren, wenn die Waage zwei Kilo mehr anzeigt? Also: Das Gewicht ist eine Richtgröße, aber eben auch relativ.

So misst du dein Körpergewicht:

- Trinke direkt nach dem Aufstehen 1 bis 1,5 Liter Wasser.
- Warte etwa 30 Minuten, bis du auf die Toilette musst.
- Danach steigst du auf die Waage.
- Anschließend kannst du frühstücken.

Da jede Waage etwas andere Werte liefert, solltest du stets das gleiche Gerät verwenden. Moderne Waagen nehmen dir einen Teil der Arbeit ab, indem sie automatisch Buch über dein Gewicht führen – ich verwende so eine Waage.

Dein Körperfettanteil

Du machst dir ein vollständiges Bild, wenn du dich auf den Körperbau fokussierst. Die Waage ist dein Freund, wenn du sie als eins von mehreren Puzzleteilen akzeptierst. Bestimme deinen Körperbau einmal pro Woche – nicht öfter, nicht seltener. Die genaueste und einfachste Methode, um deinen Körperfettanteil zu Hause zu tracken, ist die Hautfaltenmessung via Caliperzange. Das einfachste Verfahren ist die 1-Punkt-Messung. Dazu misst du mit der Caliperzange (im Internet für etwa 20 Euro mit Anleitung und Umrechnungstabelle erhältlich) nach der beiliegenden Anleitung die Dicke einer einzelnen Hautfalte in der Nähe des Hüftknochens, indem du die Haut mit Daumen und Zeigefinger ergreifst. Anhand einer Umrechnungstabelle liest du deinen Körperfettanteil ab. Easy.

Auf **www.lgnbuch.de** findest du außerdem einen Körperfettrechner, in den du deine Messwerte direkt eingeben kannst. Sobald du dein Körpergewicht und deinen Körperfettanteil kennst, kannst du damit durch die folgende Rechnung den absoluten Körperfettwert in Kilogramm bestimmen.

Körperfett (kg) = Körpergewicht (kg) x Körperfettanteil

Beispiel: Ein 80 Kilogramm schwerer Mensch mit einem Körperfettanteil von zwölf Prozent verfügt über 9,6 Kilogramm Fett und 70,4 Kilogramm fettfreie Masse:

Körperfett: 9,6 kg = 80 kg x 0,12
Fettfreie Masse: 70,4 kg = 80 kg – 9,6 kg

Es klingt wesentlich aufwändiger, als es ist: Wenn du es ein paar Mal gemacht hast, brauchst du dazu nicht mehr als zwei Minuten.

Das Aussehen

Fotografiere dich, am besten in Unterwäsche. Das wiederholst du jede Woche einmal – immer am selben Wochentag. Einmal im Profil und einmal frontal. Die Fotos bieten nach einiger Zeit eine gute Vergleichsmöglichkeit. Das war's schon. Simpel, oder?

DAS TRAININGSGERÄT, DAS DEIN ZUHAUSE IN EIN FITNESSSTUDIO VERWANDELT

Das Looking-Good-Naked-Trainingsprogramm ist so konzipiert, dass du auch mit Minimalausstattung zu Hause loslegen und dennoch hervorragende Fortschritte machen kannst. Wenn du bereits ein gut ausgestattetes Home-Gym besitzt oder Mitglied in einem Fitnessstudio bist – umso besser: Dann kannst du aus einer größeren Vielfalt von Übungen auswählen.

Was mir auch wichtig ist: Ich möchte dich anleiten, so natürlich wie möglich zu trainieren. Vergiss die vielen Kraftmaschinen. Denn damit gibst du deinen Muskeln keine Möglichkeit, die Stabilität und Balance aufzubauen, die du mit Kurzhanteln, freien Gewichten und Übungen mit dem eigenen Körpergewicht erreichen kannst. Das ist auch ganz logisch. Denn an vielen Maschinen trainierst du deine Muskeln für Situationen, die es in der Realität nicht gibt. Wenn dir jedoch im Alltag die Stabilität deiner Muskeln fehlt, kann das schnell zu einer Verletzung führen. Mit den Übungen in diesem Buch trainierst du für das tägliche Leben – auf Basis von Bewegungen, die deinem Alltag nahekommen. Im Gegensatz zum Gerätetraining wirst du dich zwar etwas eingehender mit deinen Übungen auseinandersetzen dürfen. Aber dein Einsatz zahlt sich hundertfach aus: du vermeidest Verletzungen, gewinnst an Statur und wirst insgesamt deutlich stärker.

Tatsächlich gibt es nur ein Trainingstool, das du wirklich brauchst, um loszulegen: Das ultimative Fitnessgerät für daheim ist die gute alte Kurzhantel. Du kannst mit zwei bis drei Kurzhantel-Paaren einsteigen. Die verschiedenen Gewichte brauchst du, weil große Muskelgruppen wie etwa die in den Beinen wesentlich mehr Kraft haben als beispielsweise die in den Armen. Während du stärker wirst, kannst du schwerere Gewichte dazukaufen und dich so weiterhin fordern.

Weitere mögliche Varianten für dein Home-Gym

Klimmzugstange: Klimmzüge sind die Königsdisziplin unter den Kraftübungen für den Oberkörper. Wenn du in exzellente Form kommen und richtig stark werden willst, geht an ihnen kein Weg vorbei. Eine gute Klimmzugstange ist relativ günstig und in der Regel sehr einfach an einer Türzarge montiert. Wenn du bisher noch keinen einzigen Klimmzug (oder nur sehr wenige) schaffst, bist du in bester Gesellschaft – den meisten Menschen geht es zu Anfang so. In dem Fall kannst du dir helfen, indem du ein dickes Widerstandsband aus Gummi zur Hilfe nimmst. Mit dem ringförmigen Widerstandsband kannst du einen Teil deines Körpergewichts abfangen und so den Klimmzug vereinfachen.

Hantelbank: Sie ist zwar kein Muss, aber auf einer Hantelbank mit verstellbarer Rückenlehne bringen Kraftübungen mit Kurzhanteln nicht nur mehr Spaß, sie sind auch komfortabler. Wenn du hauptsächlich zu Hause trainierst, magst du sie bald nicht mehr missen.

Ab-Roller: Wenige Übungen bringen deine Bauchmuskeln so effektiv zum Brennen wie die mit dem Ab-Roller (siehe Seite 159). Hinzu kommt, dass die Übung einfach nur rockt und schon seit Langem zu meinen Lieblingsübungen für die Rumpfmuskeln gehört. Muskelkater garantiert.

Olympische Langhantel: Ideal ist eine olympische Langhantel mit Federverschlüssen. Eine Langhantelstange, die die Olympia-Norm erfüllt, wiegt 20 Kilogramm, ist 2,20 Meter lang und für Hantelscheiben mit 50/51-Millimeter-Bohrung ausgelegt. Eine solche Langhantel findest du in jedem guten Fitnessstudio. Solltest du zu Hause trainieren und eine Langhantel besitzen, die die Olympia-Norm nicht erfüllt, kannst du damit natürlich genauso effektiv trainieren. Falls du über eine Neuanschaffung nachdenkst, empfehle ich dir, gleich in eine Stange zu investieren, die den Olympia-Standard erfüllt. Das Schöne an der Norm ist, dass du dich überall zu Hause fühlst, wo du solches Equipment findest, weil du unter den gleichen Bedingungen trainieren kannst.

Hantelscheiben: Hantelscheiben mit 50/51-Millimeter-Bohrung findest du in jedem guten Fitnessstudio. Fürs Home-Gym gibt es Starter-Sets mit den wichtigsten Gewichtsscheiben und Klammern zum Arretieren.

Du sparst Platz und Geld, wenn du alternativ in ein paar Kurzhanteln mit frei wählbarem Gewicht investierst. Dazu benötigst du zwei Kurzhantelstangen, ausreichend Gewichtsscheiben und jeweils zwei Muttern, mit denen du die Gewichte auf der Hantelstange fixierst. Für den Einstieg ist dies die kostengünstigste Lösung. Der Nachteil ist, dass das Wechseln der Gewichtsscheiben Zeit kostet. Das Handling kann nerven, die Pausen zwischen deinen Trainingssätzen in die Länge ziehen und damit die Effektivität des Trainings beeinträchtigen.

Die dritte Option sind so genannte Kurzhantel-Systeme, bei denen du wortwörtlich im Handumdrehen das Gewicht wechseln kannst. Für die meisten Menschen sind Systemhanteln mit bis zu 32,5 Kilogramm die ideale Lösung. Wenn es einen Nachteil gibt, dann den, dass die Hanteln relativ voluminös sind und zu Beginn unhandlich wirken. Die meisten kommen nach einer kurzen Eingewöhnung jedoch recht gut damit klar.

Um richtig loszulegen, benötigst du also nur zwei Dinge: Kurzhanteln und deinen Körper. Mit der Zeit kannst du dein Home-Gym Stück für Stück erweitern. Das gibt dir mehr Abwechslung im Training und ist eine gute Voraussetzung für den Einstieg in die fortgeschrittenen Looking-Good-Naked-Trainingspläne (siehe Seite 125).

Tipp: Eine kostenlose Kaufberatung zu Kurzhanteln und weiteren Trainingstools findest du auf meiner Website: http://marfit.de/kurzhanteln

DEIN TRAININGSPROGRAMM

Du kennst nun die Grundprinzipien für dein Training, weißt, woran du die besten Muskelübungen erkennst und welches Equipment du benötigst, um deinen Körper kontinuierlich zu transformieren. Damit besitzt du nun alles nötige Hintergrundwissen, um richtig ins Krafttraining einzusteigen.

Bevor wir mit dem Training beginnen, möchte ich noch etwas hervorheben: Dieses Trainingsprogramm beruht auf Prinzipien. Veränderung ist eine wichtige Konstante für dein Training. Um Stillstand zu vermeiden, darfst du dein Training regelmäßig variieren, indem du mit den Variablen Intensität, Trainingsumfang, Übungsauswahl, Wiederholungszahl oder Satzpausen spielst. Auf Basis dieser Prinzipien habe ich das Herzstück dieses

Kapitels entwickelt, das Looking-Good-Naked-Trainingsprogramm. Durch den modularen Aufbau liefert es dir genügend Variation, um für die nächsten zehn bis zwölf Monate und darüber hinaus kontinuierlich Fortschritte zu machen.

Es kommt auf deinen Startpunkt an

Es macht einen Unterschied, ob du gerade erst anfängst oder schon lange mit Gewichten trainierst. Es gibt zwar einige hervorragende Allrounder unter den Übungen, sie sind aber für zahlreiche Menschen – beispielsweise für Übergewichtige oder Untrainierte – unpassend. Nehmen wir Klimmzüge: Eine der besten Übungen für den oberen Rücken und den gesamten Oberkörper. Wer stark übergewichtig ist oder die Kraft erst noch entwickeln darf, schafft jedoch noch keinen. Wenn du noch keinen Klimmzug schaffen solltest, kannst du dir das als Ziel setzen und Klimmzüge dann in deinen Trainingsplan integrieren, wenn du leicht und/oder stark genug dafür bist.

Es gibt Tausende von Fitnessübungen, aber die Basics sind simpel. Kniebeugen, Kreuzheben, Langhantelrudern und Rumpfübungen wirst du in nahezu jedem meiner Trainingspläne finden. Dabei muss simpel nicht eintönig bedeuten. Ganz im Gegenteil. Es ist eine gute Idee, wenn du mit fortschreitender Trainingserfahrung mehr und mehr Fitnessübungen ausprobierst und Varianten einbaust. Variation bringt nicht nur mehr Abwechslung in dein Training. Sie sorgt auch für kontinuierlich neue Trainingsreize. Übrigens gibt es noch ein drittes, entscheidendes Kriterium, das die „beste Fitnessübung" erfüllen muss:

> Die perfekte Übung ist die, die dir Spaß macht.
> Denn nur mit Spaß an der Sache ist Dranbleiben möglich.

Das „Geheimnis" einer perfekten Warm-up-Routine

Wusstest du, dass Formel-1-Rennfahrer schon 30 Minuten vor dem Startschuss damit beginnen, Motoren und Fahrwerk ihrer Fahrzeuge warmzufahren? Sie tun das, weil sie wissen, dass sie ihr Potenzial im Rennen nur dann ausschöpfen können, wenn ihr Vehikel beim Start auf Betriebstemperatur ist. Das Gleiche gilt für deinen Körper. Du hast mehr Kraft, wenn du dich zuvor aufwärmst. Viele Menschen wissen nicht, dass ein Workout ohne Warm-up deswegen oft nur halb so effektiv ist. Außerdem vermeidest du durch die konsequente Vorbereitung Verletzungen, die dich um Wochen zurückwerfen können.

Sechs bis zehn Minuten Bewegung niedriger Intensität genügen für das **allgemeine Warm-up,** mit dem du deinen Kreislauf in Gang bringst. Dazu kannst du ein Springseil oder Kardiogerät wie das Fahrrad- oder Ruderergometer, das Laufband oder den Crosstrainer verwenden. Mein Fitnessstudio ist mit dem Fahrrad in knapp zehn Minuten erreichbar. Daher nutze ich meist die Anfahrt zum Studio gleich schon als Warm-up – auch das ist eine Möglichkeit.

Bevor du ins Krafttraining einsteigst, darfst du dir noch einen Moment fürs **spezifische Warm-up** nehmen, also konkret die Muskeln vorbereiten, die du gleich trainierst. Damit verfolgst du zwei einfache Ziele: Du sorgst für eine bessere Durchblutung der Muskeln, die du trainieren willst. Und du bereitest deinen Bewegungsapparat darauf vor, schwere Gewichte zu bewegen, ohne ihn dabei zu ermüden.

Unmittelbar vor dem Einstieg in eine Kraftübung schaltest du zwei Warm-up-Sätze mit leichtem Gewicht vor, und zwar so:

1. Warm-up-Satz: 8–10 Wiederholungen mit 50 Prozent Gewicht, 60 Sekunden Pause
2. Warm-up-Satz: 5–8 Wiederholungen mit 75 Prozent Gewicht, 60 Sekunden Pause

Danach bist du bereit für die Übung mit vollem Gewicht. Wenn beispielsweise eine Langhantel-Kniebeuge mit 40 Kilogramm Gewicht ansteht, dann führst du den ersten Warm-up-Satz mit 20 Kilogramm und den zweiten Warm-up-Satz mit 30 Kilogramm durch.

Beim Training kleinerer Muskelgruppen (Bizeps, Trizeps, Schultern) oder bei Isolationsübungen genügt es, wenn du einen einzigen Warm-up-Satz mit 50 bis 75 Prozent des Gewichts vorschaltest.

LOOKING-GOOD-NAKED-ONBOARDING: DEIN ERSTER TRAININGSMONAT

Wenn du bisher kein Krafttraining gemacht hast, kannst du mit diesem Vier-Wochen-Trainingsplan sofort loslegen. Mach dich auf eine aufregende Zeit gefasst. Denn du wirst bereits in diesen Wochen einige großartige Veränderungen an deinem Körper sehen und fühlen. Das erste Motto lautet: Keep it simple. Das zweite: Sei vorsichtig und hab Geduld mit dir.

Übertreibe es nicht. Falls du schon Trainingserfahrung hast, kannst du dich bereits stärker fordern, diesen Plan überspringen und direkt zu Phase zwei im nächsten Abschnitt übergehen (siehe Seite 124).

Das Ziel des Vier-Wochen-Onboardings ist, deinen Körper langsam an die Belastung zu gewöhnen und dabei Verletzungen zu vermeiden. Daher beginnst du mit nur einem Satz pro Übung und erhöhst in den ersten drei Wochen um jeweils einen Satz pro Übung. Das Gewicht bleibt dabei konstant. Du möchtest schließlich die Technik erlernen und immer weiter perfektionieren – und nicht Olympiasieger im Gewichtheben werden! Wenn du dir zu Anfang eine falsche Technik angewöhnst, ist es schwierig, Fehler später wieder auszumerzen. Bitte nimm dir die Zeit, die Übungsbeschreibungen genau zu studieren. Du kannst auch dein Smartphone nutzen, um deine Technik zu filmen und zu verbessern.

In der vierten Woche erhöhst du das Gewicht, sodass du je sechs bis zehn Wiederholungen absolvierst. Damit gewöhnst du dich an das Gefühl einer höheren Belastung und setzt einen neuen Trainingsreiz.

Während des Onboarding-Monats trainierst du an drei Tagen pro Woche. Zwischen zwei Trainingseinheiten sollte mindestens ein Ruhetag liegen. An den aufgeführten Trainingstagen führst du sämtliche Übungen (siehe unten) nacheinander durch. Du trainierst damit deinen gesamten Körper.

Tipp: Weitere ausführliche Beispiele für Trainingspläne im Onbording-Monat findest du (ebenso wie die weiteren Pläne für die folgenden Module) unter **www.lgnbuch.de**

LOOKING-GOOD-NAKED-KRAFTTRAINING: ONBOARDING UND MODUL 1

Mit deinem zweiten Trainingsmonat steigst du so richtig ein. Durch zwei Trainingsphasen, die sich jeweils abwechseln, setzt du stets neue Trainingsreize. So gelingt es dir deine Muskulatur auf unterschiedliche Weise zu fordern und weiterzuentwickeln. Der große Vorteil an diesem System ist, dass du es als Blaupause für jeden guten Workout-Plan nutzen und so mit nur einem Plan über viele Monate kontinuierlich Fortschritte machen kannst. Du kannst dieses Zwei-Phasen-System für alle drei Trainingsmodule nutzen, die ich dir mitgebe.

Und das sind die zwei Phasen des Looking-Good-Naked-Trainingssystems:

Phase 1: Entwicklung der Muskulatur und des Herz-Kreislauf-Systems
- Trainingsdauer: 4 Wochen
- Wiederholungszahl: 10–15
- Satzpause: 30–60 Sekunden

Phase 2: Kraftaufbau
- Trainingsdauer: 4 Wochen
- Wiederholungszahl: 6–10
- Satzpause: 60–90 Sekunden

Diese Art der Unterteilung in Phasen mit unterschiedlichen Wiederholungsbereichen heißt Periodisierung. Dadurch erzielst du mittelfristig bessere Ergebnisse, als wenn du stets drei Sätze mit jeweils zehn Wiederholungen ausführst. Deshalb nenne ich ein Training nach diesem Plan auch **richtiges** Krafttraining: Du wirst damit nicht nur kontinuierlich stärker, du entwickelst auch deine Muskulatur, die gut definiert wird, während du Kalorien verbrennst und Fett abbaust. Das Looking-good-naked-Trainingssystem ist dabei so aufgebaut, dass die einzelnen Module aufeinander aufbauen und das Trainingsvolumen progressiv ansteigt.

Onboarding ➜ Modul 1 ➜ Modul 2 ➜ Modul 3

Wie lange du in einer Phase bleibst, ist dabei nur für Einsteiger festgelegt, die mit dem Onboarding einsteigen. Durch das Zwei-Phasen-System kannst du, wenn Modul 1 deinem jetzigen Trainingsrhythmus (drei Tage Training pro Woche) entspricht, über Monate Fortschritte machen. Sobald du an einen Punkt kommst, an dem du wenigstens zwei Wochen in Folge keine Verbesserungen mehr siehst, wechselst du ins nächste Modul. Die einzelnen Module sind dabei so entwickelt, dass du deine Trainingshäufigkeit dann erhöhen **kannst,** aber **nicht musst.** Angenommen, du würdest vier Monate in Modul 2 Fortschritte machen, bevor du wieder auf einem Plateau landest. Nun kannst du entweder zurück zu Modul 1 gehen, etwa wenn du nur drei Trainingseinheiten pro Woche unterbekommst. Oder du wechselst zu Modul 3, wenn du deine Fortschritte beschleunigen willst, indem du häufiger trainierst.

Onboarding und Modul 1: Ganzkörper-Workout, 3-mal pro Woche

Als Einsteiger oder Wiedereinsteiger ins Krafttraining kannst du dieses Modul an das vierwöchige Onboarding anschließen.

Bei jedem Workout trainierst du deinen gesamten Körper, und zwar dreimal pro Woche. Zwischen zwei Trainingstagen sollte jeweils wenigstens ein Tag ohne Krafttraining liegen, damit deine Muskeln sich optimal erholen können.

Möglicher Wochenplan: Looking-Good-Naked-Onboarding und Modul 1

	Montag	Dienstag	Mittwoch	Donnerstag	Freitag	Samstag	Sonntag
Woche 1	Training	Pause	Training	Pause	Training	Pause	Pause
Woche 2	Training	Pause	Pause	Training	Pause	Training	Pause
Woche 3	Pause	Training	Pause	Pause	Training	Pause	Training
Woche 4	Pause	Pause	Training	Pause	Training	Pause	Training

- 1. Woche: 1 Satz pro Übung, je 10–15 Wiederholungen pro Satz
- 2. Woche: 2 Sätze pro Übung, je 10–15 Wiederholungen pro Satz, 60 Sekunden Satzpause
- 3. Woche: 3 Sätze pro Übung, je 10–15 Wiederholungen pro Satz, 60 Sekunden Satzpause
- 4. Woche: 3 oder mehr Sätze pro Übung (mehr Gewicht!), je 6–10 Wiederholungen pro Satz, 60 Sekunden Satzpause

Die Übungen beim Onboarding
- Kniebeugen mit Kurzhanteln oder nur mit eigenem Körpergewicht (Seite 130)
- Kreuzheben mit Kurzhanteln (Seite 136)
- Bankdrücken mit Kurzhanteln (Seite 142)
- Einarmiges Rudern mit Kurzhantel (Seite 138)
- Beinheben im Liegen (Seite 157)

Übungen fürs Modul 1 finden sich auf der nächsten Seite!

Übungen fürs Modul 1
1. Kniebeugen mit Langhantel, 3 Sätze (Seite 129)
2. Kreuzheben mit Langhantel, 3 Sätze (Seite 135)
3. Ausfallschritt nach hinten mit Kurzhantel, 3 Sätze (Seite 132)
4. Rudern mit Langhantel, 3 Sätze (Seite 137)
5. Stehendes Schulterdrücken mit Kurzhantel, 3 Sätze (Seite 147)
6. French Curl mit Kurzhantel, 2 Sätze (Seite 152)
7. Bizeps Curl im Stehen mit Kurzhantel, 2 Sätze (Seite 150)

Trainingspläne für Modul 1 findest du (ebenso wie die weiteren Pläne für die anderen Module) unter **www.lgnbuch.de**

MODUL 2: 2ER-SPLIT-TRAINING, 3- BIS 5-MAL PRO WOCHE

Wenn du mindestens drei bis sechs Monate Trainingserfahrung mit einem umfassenden Ganzkörperworkout gemacht hast oder Modul 1 dir keine Fortschritte mehr beschert, bist du bereit für diesen Trainingsplan.

Modul 2 ist ein sogenannter Split-Trainingsplan, bei dem du an jedem Trainingstag nur einen Teil deiner Muskulatur gezielt trainierst. Dadurch kannst du häufiger als dreimal pro Woche Gewichte stemmen und einen intensiveren Trainingsreiz setzen, ohne Muskulatur und Nervensystem dabei zu überfordern. In diesem Modul benötigst du zwei Trainingseinheiten, um deinen Körper vollständig zu trainieren:

- Tag 1: Beine/Brust/Trizeps/Bauch
- Tag 2: Po/Rücken/Schultern/Arme

Vier Trainingstage pro Woche sind für diesen Plan ideal, aber du kannst auch mit nur drei Einheiten pro Woche gute Fortschritte machen. Wenn du Lust auf mehr hast, kannst du in einigen Wochen auch fünfmal an die Gewichte gehen.

Wenn du vier- bis fünfmal pro Woche trainierst, kannst du die beiden Trainingseinheiten an aufeinander folgenden Tagen durchführen, solange du danach einen Tag Pause einplanst. Einige mögliche Wochenpläne siehst du hier:

Möglicher Wochenplan Modul 2: 3 Trainingseinheiten pro Woche

	Montag	Dienstag	Mittwoch	Donnerstag	Freitag	Samstag	Sonntag
Woche 1	Tag 1	Pause	Tag 2	Pause	Tag 1	Pause	Pause
Woche 2	Tag 2	Pause	Tag 1	Pause	Tag 2	Pause	Pause

Wochenplan Modul 2: 4 Trainingseinheiten pro Woche

	Montag	Dienstag	Mittwoch	Donnerstag	Freitag	Samstag	Sonntag
Woche 1	Tag 1	Tag 2	Pause	Tag 1	Tag 2	Pause	Pause

Wochenplan Modul 2: 4 bis 5 Trainingseinheiten pro Woche

	Montag	Dienstag	Mittwoch	Donnerstag	Freitag	Samstag	Sonntag
Woche 1	Tag 1	Tag 2	Pause	Tag 1	Tag 2	Pause	Tag 1
Woche 2	Tag 2	Pause	Tag 1	Tag 2	Pause	Tag 1	Tag 2
Woche 3	Pause	Tag 1	Tag 2	Pause	Tag 1	Tag 2	Pause

Die Übungen fürs Modul 2

Tag 1: Beine/Brust/Trizeps/Bauch

1. Kniebeugen mit Langhantel, 3 Sätze (Seite 129)
2. Ausfallschritte mit Kurzhantel nach hinten, 2 Sätze (Seite 132)
3. Hip-Thrust mit Langhantel, 3 Sätze (Seite 133)
4. Enges Bankdrücken mit Langhantel, 3 Sätze (Seite 155)
5. Liegestütze*, 3 Sätze (Seite 143)
6. Trizeps Dips, 3 Sätze** (Seite 153)
7. French Curl mit Kurzhantel, 3 Sätze (Seite 152)
8. Planke, 3 Sätze*** (Seite 156)

Übungen für Tag 2 finden sich auf der nächsten Seite!

Tag 2: Po/Rücken/Schultern/Arme
1. Kreuzheben mit Langhantel, 3 Sätze (Seite 135)
2. Klimmzüge mit Widerstandsband, 3 Sätze** (Seite 140)
3. Rudern mit Langhantel, 3 Sätze (Seite 137)
4. Einarmiges Rudern mit Kurzhantel, 2 Sätze (Seite 138)
5. Stehendes Schulterdrücken mit Kurzhantel, 3 Sätze (Seite 147)
6. Reverse-Flye mit Kurzhantel, 3 Sätze (Seite 148)
7. Bizeps Curl mit Kurzhantel, 3 Sätze (Seite 150)
8. Hammer-Curl mit Kurzhantel, 2 Sätze (Seite 151)

* = Wähle eine Liegestütz-Variante aus dem Übungskatalog, mit der du die vorgegebene Wiederholungszahl erreichst
** = so viele Wiederholungen wie möglich
*** = so lange halten wie möglich

Trainingspläne für Modul 2 findest du auf **www.lgnbuch.de**

MODUL 3: 3ER-SPLIT-TRAINING, 4- BIS 6-MAL PRO WOCHE

Du bist wenigstens ein halbes Jahr an den Eisen, beherrschst die Übungen aus den Modulen 1 und 2 und bist richtiges Krafttraining mindestens viermal pro Woche gewohnt? Willkommen im dritten Modul des Looking-Good-Naked-Trainingsprogramms! In diesem Modul ist das Training deiner Muskelgruppen auf insgesamt drei Trainingseinheiten für unterschiedliche Muskelgruppen verteilt:

- Tag 1: Rücken/Brust/Bauch
- Tag 2: Schultern/Arme
- Tag 3: Po/Beine/Bauch

Vier bis fünf Trainingstage pro Woche sind für diesen Plan ideal. Nur wenn du bereits jahrelang Krafttraining machst und wirklich Lust auf noch mehr hast, kannst du diesen Plan auch an sechs Tagen pro Woche durchziehen – achte dabei bitte ganz bewusst auf deine Regeneration und dein Körpergefühl. „Viel hilft viel" ist gerade im Krafttraining nicht der beste Ansatz. Plane unbedingt Ruhetage ein. Einen möglichen Wochenplan siehst du hier:

Möglicher Wochenplan Modul 3

Trainings-einheiten	Montag	Dienstag	Mittwoch	Donnerstag	Freitag	Samstag	Sonntag
4 pro Woche	Tag 1	Tag 2	Pause	Tag 3	Tag 1	Pause	Pause
5 pro Woche	Tag 2	Pause	Tag 1	Tag 2	Pause	Tag 3	Tag 1

Die Übungen fürs Modul 3

Tag 1: Rücken/Brust/Bauch
1. Klimmzüge mit Widerstandsband, 3 Sätze (Seite 140)
2. Überzüge mit Kurzhantel, 3 Sätze (Seite 141)
3. Rudern mit Langhantel, 3 Sätze (Seite 137)
4. Einarmiges Rudern mit Kurzhantel, 3 Sätze (Seite 138)
5. Enges Bankdrücken mit Langhantel, 3 Sätze (Seite 155)
6. Beinheben im Liegen, 3 Sätze, so viele Wiederholungen wie möglich (Seite 157)
7. Renegade Row, 3 Sätze (Seite 158)

Tag 2: Schultern/Arme
1. Stehendes Schulterdrücken mit Langhantel, 3 Sätze (Seite 146)
2. Seitheben mit Kurzhantel, 3 Sätze (Seite 149)
3. Reverse-Flye mit Kurzhantel, 3 Sätze (Seite 148)
4. Enges Bankdrücken mit Langhantel, 3 Sätze (Seite 155)
5. French Curl mit Kurzhantel, 3 Sätze (Seite 152)
6. Bizeps-Curl mit Kurzhantel, 2 Sätze (Seite 150)
7. Hammer-Curl mit Kurzhantel, 2 Sätze (Seite 151)

Tag 3: Po/Beine/Bauch
1. Kreuzheben mit Langhantel, 3 Sätze (Seite 135)
2. Kniebeugen mit Langhantel, 3 Sätze (Seite 129)
3. Hip-Thrust mit Langhantel, 3 Sätze (Seite 133)
4. Ausfallschritte nach hinten mit Kurzhantel, 3 Sätze (Seite 132)
5. Seitliche Ausfallschritte mit Kurzhantel, 3 Sätze (Seite 134)
6. Ab-Rollout, 3 Sätze, so viele Wiederholungen wie möglich (Seite 159)

DIE ÜBUNGEN

Ich habe alle drei Module des Looking-Good-Naked-Trainingsprogramms so gestaltet, dass du die Übungsvielfalt eines gut ausgestatteten Home-Gyms (siehe Seite 117) oder Fitnessstudios nutzen kannst. Wenn du bisher nur ein Paar Kurzhanteln zur Hand hast, ist das aber überhaupt kein Problem! In den Übungsbeschreibungen findest du zu jeder genannten Langhantel-Übung eine Alternative, die du mit Kurzhanteln durchführen kannst. Jede der folgenden Übungen erfüllt einen bestimmten Zweck und dient der Entwicklung bestimmter Muskelfunktionen. Die korrekte Technik ist in den Fotos dargestellt und im Text erläutert. Einige wichtige Details entgehen dir, wenn du nur auf die Fotos achtest. Daher nimm dir bitte die Zeit, auch die Beschreibungen zu lesen. Um Verletzungen und Fortschritts-Sackgassen aus dem Weg zu gehen, solltest du vor allem eine eherne Trainingsregel beachten:

Form kommt vor Gewicht!

Ich sehe immer wieder, wie Menschen zu schweres Gewicht dadurch kompensieren, dass sie eine Übung unvollständig oder unsauber ausführen. Dadurch belasten sie ihre Gelenke, Sehnen und ihr Bindegewebe meist übermäßig und riskieren Verletzungen. Außerdem bringen sie sich um einen guten Trainingseffekt. Also nimm im Zweifel weniger Gewicht und führe die Übung sauber und kontrolliert durch.
Viel Erfolg – und viel Spaß dabei!

KNIEBEUGE MIT LANGHANTEL

1. Stell deine Füße schulterweit voneinander entfernt auf, die Fußspitzen zeigen leicht nach außen. Lege eine Langhantel in Schulterhöhe auf deinen Nacken und umfasse sie dabei mit beiden Händen.
2. Spanne deinen Rumpf an. Gehe langsam und kontrolliert so tief in die Knie, wie es dir mit geradem Rücken möglich ist. Dein unterer Rücken bleibt dabei in seiner aufrechten Position. Die Fersen bleiben während der gesamten Übung am Boden.
3. Sobald du eine „sitzende" Position erreicht hast, richtest du dich langsam wieder auf, indem du deine Beine streckst und in die Ausgangsposition zurückkehrst. Deine Knie bleiben während der gesamten Übung über deinen Zehen.

Trainingstipp

Falls es dir schwerfällt, die Fersen am Boden zu halten, kannst du sie auch auf einem etwa 2,5 Zentimeter dicken Holzbrett oder einer Gewichtsscheibe abstützen.

Alternativen: Kniebeuge mit Kurzhanteln: Seite 130, Sumo-Kniebeuge mit Kurzhanteln: Seite 131, Ausfallschritt nach hinten mit Kurzhanteln: Seite 132.

Muskelgruppe: Beine, besonders Po und Oberschenkelvorderseite

KNIEBEUGE MIT KURZHANTELN

1. Nimm einen etwa schulterweiten Stand ein, die Füße sind leicht nach außen geöffnet. Nimm zwei Kurzhanteln in die Hände, die Arme hängen seitlich am Körper herab, die Handinnenflächen weisen zueinander. Dein Blick ist geradeaus nach vorn gerichtet.
2. Spanne deinen Rumpf an. Gehe kontrolliert so tief in die Hocke, wie es dir mit geradem Rücken möglich ist – so als wolltest du dich auf einen (niedrigen) Stuhl setzen. Dein unterer Rücken bleibt dabei in seiner natürlich gestreckten Position, die Fersen bleiben während der gesamten Bewegung am Boden.
3. Sobald du eine „sitzende" Position erreicht hast, kehre in die Ausgangsposition zurück, indem du Beine und Hüfte kraftvoll streckst. Deine Knie bleiben während der gesamten Übung genau über deinen Zehen.

Alternativen: Kniebeuge mit Langhantel: Seite 129, Sumo-Kniebeuge mit Kurzhantel: Seite 131, Ausfallschritt nach hinten mit Kurzhanteln: Seite 132.

Muskelgruppe: Beine, besonders Po und Oberschenkelvorderseite

1.

2.

SUMO-KNIEBEUGE MIT KURZHANTEL

1. Du stehst aufrecht, die Füße sind etwa einen Meter voneinander entfernt – also deutlich weiter als schulterbreit geöffnet – und um 45 Grad nach außen gedreht. Greife eine Kurzhantel an einem Ende und lass sie vor deinem Körper herabhängen. Dein Blick ist geradeaus gerichtet.
2. Spanne deinen Rumpf an. Senke deinen Körper kontrolliert ab, indem du deine Hüften und Knie beugst. Gehe so tief in die Kniebeuge, wie es dir mit geradem Rücken möglich ist. Dein unterer Rücken bleibt dabei aufrecht in seiner natürlichen Position.
3. Sobald du eine „sitzende" Position erreicht hast, kehrst du die Bewegung um, indem du deine Beine streckst und wieder in die Ausgangsposition gehst. Deine Knie bleiben während der gesamten Übung genau über deinen Zehen.

Alternativen: Kniebeuge mit Langhantel: Seite 129, Kniebeuge mit Kurzhanteln: Seite 130, Ausfallschritt nach hinten mit Kurzhanteln: Seite 132.

Muskelgruppe: Beine, besonders Oberschenkelvorderseite

AUSFALLSCHRITT NACH HINTEN MIT KURZHANTELN

1. Du stehst mit schulterweit geöffneten Füßen, die Schultern nach hinten gezogen, und blickst geradeaus nach vorn.
2. Spanne deinen Rumpf an. Setze dein rechtes Bein in einem weiten Schritt nach hinten.
3. Senke deinen Körper kontrolliert ab, indem du dein rechtes Knie und deine rechte Hüfte beugst. In der Endposition berührt dein rechtes Knie fast den Boden.
4. Kehre die Bewegung um, indem du das rechte Bein jetzt kraftvoll streckst und in die Ausgangsposition nach vorn zurückführst.
5. Wiederhole die Übung mit links.

Trainingstipps
- Bei einem weiten Ausfallschritt arbeitet die Gesäßmuskulatur stärker, während der Quadrizeps (Oberschenkelvorderseite) bei einem engen Ausfallschritt mehr zu tun hat.
- Schaue die ganze Zeit nach vorn. Das stabilisiert die Brustwirbelsäule.

Alternativen: Kniebeuge mit Kurzhanteln: Seite 130, Sumo-Kniebeuge mit Kurzhanteln: Seite 131.

Muskelgruppe: Beine, besonders Po und Oberschenkelvorderseite

1.

2.

HIP-THRUST MIT LANGHANTEL

1. Lege dich mit dem oberen Rücken auf eine quergestellte Flachbank. Deine Schultern schließen mit der Bankkante ab, der untere Rücken liegt nicht auf der Bank auf. Die Knie sind angewinkelt, Ober- und Unterschenkel bilden einen rechten Winkel, die Füße stehen flach auf dem Boden. Senke nun den Po etwas ab, baue Körperspannung auf und positioniere die Langhantel auf deinen Hüften. Die Hantel liegt parallel zur Bank. Ziehe deine Schultern nach unten, während du die Hantelstange mit den Händen fixierst.
2. Versetze deinen Rumpf unter Spannung und hebe das Gewicht an. Die Knie bleiben dabei genau über den Zehen. Strecke deine Hüften vollständig, ohne dabei ins Hohlkreuz zu gehen, und spanne den Po an. Deine Wirbelsäule bleibt dabei in neutraler Position.
3. Senke die Langhantel kontrolliert ab in die Ausgangsposition.

Trainingstipps
- Fokussiere dich während der gesamten Übung auf deine Pomuskulatur (nicht auf die Oberschenkel oder den Rücken).
- Um es etwas einfacher zu machen, kannst du den Hip-Thrust auch ohne Zusatzgewicht durchführen.

Alternativen: Kreuzheben mit Langhantel: Seite 135, Kreuzheben mit Kurzhanteln: Seite 136.

Muskelgruppe: Beine, besonders Po und Oberschenkelrückseite

SEITLICHER AUSFALLSCHRITT MIT KURZHANTELN

1. Nimm einen schulterweiten Stand ein. Greife zwei Kurzhanteln und halte sie vor deinem Körper. Die Handinnenflächen zeigen zueinander.
2. Mache einen Ausfallschritt nach rechts. Beuge dein rechtes Knie, während das linke Bein gerade bleibt, bis dein rechter Oberschenkel waagerecht ist.
3. Drücke dich mit Kraft in die Ausgangsposition zurück und setze die Übung sofort mit der linken Seite fort. Das ist eine Wiederholung.

Trainingstipps
- Achte darauf, dass sich das gebeugte Knie genau über deinem Fuß befindet.
- Fokussiere dich auf das Absenken deines gestreckten Beines. Das verhindert, dass du dein gebeugtes Knie zu weit nach vorn schiebst und es damit zu stark belastest.
- Halte deinen Blick geradeaus. Dadurch stabilisierst du deine obere Wirbelsäule.

Muskelgruppe: Beine, besonders Oberschenkelinnenseite

1.

2.

KREUZHEBEN MIT LANGHANTEL

1. Nimm einen schulterweiten Stand ein, die Langhantel liegt etwa zwei Finger breit von Deinen Schienbeinen entfernt vor dir auf dem Boden. Beuge deine Knie und greife die Hantelstange von oben, die Daumen zeigen zueinander. Die Hände positionierst du dabei direkt außen neben deinen Beinen. Deine Wirbelsäule bleibt in ihrer neutralen Position.
2. Brust raus! Hebe das Gewicht durch kraftvolles Strecken deiner Beine und Hüften nach oben. Spanne dabei die Trizepse an, als wolltest du die Stange verbiegen.
3. Kontrahiere deine Pomuskeln in der stehenden Position, bevor du das Gewicht kontrolliert in die Ausgangsposition zurückführst.

Trainingstipps
- Überstrecke deinen Rücken nicht in der oberen Position. Du stehst aufrecht, während du deine Pomuskeln anspannst.
- Falls du die Hantelstange nicht gut halten kannst, verwende einen Zwiegriff. Dabei greift die eine Hand die Stange von oben und die andere von unten.
- Die Langhantel bleibt bei der gesamten Übung ganz dicht am Körper.

Alternativen: Kreuzheben mit Kurzhanteln: Seite 136, Hip-Thrust mit Langhantel: Seite 133.
Muskelgruppe: Po, Beine und Oberkörper

KREUZHEBEN MIT KURZHANTELN

1. Nimm einen schulterweiten Stand ein. Die Knie sind durchgedrückt oder leicht angewinkelt, der Rumpf steht unter Spannung. Greife ein Paar Kurzhanteln und lass sie vor deinem Körper herabhängen, die Handrücken zeigen nach vorn.
2. Beuge deinen Oberkörper kontrolliert nach vorn, deine Beine bleiben ebenso unter Spannung wie dein Rumpf. Senke die Kurzhanteln ab, bis du die Dehnung in deiner Oberschenkelrückseite deutlich spürst.
3. Nun kehrst du die Bewegung um, indem du deine Gesäßmuskeln kraftvoll anspannst. Führe die Gewichte in die Ausgangsposition zurück.

Trainingstipps
- Du bewegst das Gewicht ausschließlich durch Beugung deiner Hüften. Dein unterer Rücken bleibt in seiner neutralen Position fixiert.
- Wenn du zu den wenigen Menschen gehörst, die beweglich genug sind, um die eigenen Zehen zu berühren, ohne dabei in der Wirbelsäule rund zu werden: Hut ab! Dann kannst du diese Übung auf einer Stufe oder Kiste stehend durchführen.

Alternativen: Kreuzheben mit Langhantel: Seite 135, Hip-Thrust mit Langhantel: Seite 133.

Muskelgruppe: Po und Oberschenkelrückseite

RUDERN MIT LANGHANTEL

1. Du stehst im hüftbreitem Stand und hältst eine Langhantel mit schulterweitem Griff. Die Handinnenflächen zeigen dabei zum Körper. Beuge deinen Oberkörper nach vorn, winkle deine Knie leicht an, während dein Rücken gerade bleibt. Halte die Körperspannung, während das Gewicht an deinen Armen senkrecht nach unten hängt.
2. Ziehe die Langhantel nun so hoch wie möglich in Richtung deines Rumpfes. Die Ellbogen bleiben dabei nah am Körper. Kontrahiere die Muskeln in deinem oberen Rücken.
3. Führe die Langhantel kontrolliert in die Ausgangsposition zurück.

Trainingstipps

- Brust raus, bevor du beginnst. Dadurch stabilisierst du deine Brustwirbelsäule.
- Der untere Rücken behält seine natürliche Wölbung (Lordose) während der gesamten Übung bei. Übertriebenes Durchdrücken ist genauso tabu wie ein runder Rücken.

Alternativen: Einarmiges Rudern mit Kurzhantel: Seite 138, Klimmzüge: Seite 139, Klimmzug mit Widerstandsband: Seite 140, Überzüge mit Kurzhantel: Seite 141.

Muskelgruppe: Rücken

EINARMIGES RUDERN MIT KURZHANTEL

1. Stell dich seitlich neben eine flache Bank, positioniere linke Hand und linkes Knie auf der Bank, der rechte Fuß steht fest auf dem Boden. Greife mit der rechten Hand eine Kurzhantel, der Arm hängt senkrecht herab, der Handrücken weist nach außen.
2. Winkle den Arm an und ziehe so die Kurzhantel nach oben und hinten, bis sie deine Hüfte berührt. Dein Ellbogen bleibt dabei dicht am Körper. Spanne deine oberen Rückenmuskeln an.
3. Dann führst du das Gewicht kontrolliert in die Ausgangsposition zurück.
4. Sobald du die angestrebte Anzahl Wiederholungen mit rechts absolviert hast, positionierst du deinen Körper neu und führst ebenso viele Wiederholungen mit links durch.

Trainingstipp

- Dein Rücken bleibt während der gesamten Übung in seiner natürlichen Haltung. Der Blick bleibt frei geradeaus – das verhindert einen runden Rücken.

Alternativen: Rudern mit Langhantel: Seite 137, Klimmzüge: Seite 139, Klimmzug mit Widerstandsband: Seite 140, Überzüge mit Kurzhantel: Seite 141.

Muskelgruppe: Rücken

KLIMMZUG

1. Stelle dich unter die Klimmzugstange und greife sie etwa schulterweit. Die Handrücken zeigen dabei zum Körper. Die Arme sind ausgestreckt. Häng dich an die Stange, zieh die Beine an und schlage einen Fuß über den anderen. Ziehe deine Schulterblätter zusammen und nach unten – als würdest du sie in deine Gesäßtaschen stecken wollen.
2. Ziehe deinen Körper nach oben, während du die Körperspannung hältst, bis dein Kinn die Stange berührt. Kontrahiere deine Rückenmuskeln.
3. Führe deinen Körper kontrolliert in die Ausgangsposition zurück.

Trainingstipp

Der Klimmzug ist eine sehr anspruchsvolle Übung. Wenn du ihn also noch nicht schaffst ist das nicht schlimm: In Fitnessstudios kannst du spezielle Geräte mit Gegengewicht nutzen, um die Übung perfekt an deinen Trainingsstand anzupassen. Wenn du daheim trainierst, kannst du ein Widerstandsband als Hilfestellung benutzen (siehe Klimmzug mit Widerstandsband Seite 140).

Alternativen: Rudern mit Langhantel: Seite 137, einarmiges Rudern mit Kurzhantel: Seite 138, Klimmzug mit Widerstandsband: Seite 140, Überzüge mit Kurzhantel: Seite 141.

Muskelgruppe: Rücken und Bauch

KLIMMZUG MIT WIDERSTANDSBAND

1. Befestige das Widerstandsband an der Klimmzugstange, indem du das eine Ende so über die Klimmzugstange wirfst, dass es eine Schlaufe bildet. Führe nun das andere Ende des Widerstandsbands durch die Schlaufe und ziehe es fest, damit es sich nicht lösen kann. Greife die Klimmzugstange etwa schulterweit. Die Handrücken zeigen dabei zum Körper. Strecke deine Arme aus.
2. Steige mit einem Knie oder Fuß (je nach Länge des Widerstandsbands) in das herunterhängende Ende der Schlaufe. Wenn nötig, benutze einen Hocker dafür. Platziere dein anderes Bein vor dem unterstützten Bein. Ziehe deine Schulterblätter zusammen und nach unten – als würdest du sie in deine Gesäßtaschen stecken wollen.
3. Ziehe deinen Körper nach oben, bis dein Kinn die Stange berührt. Halte dabei die Körperspannung, die Rückenmuskeln sind aktiviert. Halte die Position einige Sekunden lang.
4. Führe deinen Körper kontrolliert in die Ausgangsposition zurück.

Trainingstipp
Halte deinen Oberkörper stabil und kontrolliert. So vermeidest du, dass er ins Schwingen gerät – das würde den Trainingseffekt mindern.

Alternativen: Rudern mit Langhantel: Seite 137, einarmiges Rudern mit Kurzhantel: Seite 138, Klimmzüge: Seite 139, Überzüge mit Kurzhantel: Seite 141.

Muskelgruppe: Rücken und Bauch

1. Lege dich mit dem oberen Rücken auf eine querstehende flache Bank. Deine Knie sind angewinkelt, die Füße haben einen festen Stand auf dem Boden. Ergreife eine Kurzhantel mit beiden Händen und hebe sie direkt über dein Gesicht.
2. Senke die Kurzhantel langsam hinter deinen Kopf ab. Die Ellbogen sind dabei ganz leicht angewinkelt.
3. Sobald du eine vollständige Dehnung im breiten Rückenmuskel spürst, kehrst du die Bewegung um und führst das Gewicht in die Ausgangsposition zurück.

Trainingstipps
- Dehne nur so weit, wie es sich noch angenehm anfühlt – ein Überdehnen kann eine Schulterverletzung provozieren.
- Strecke deine Ellbogen während der gesamten Übung nicht vollständig durch, denn das aktiviert den Trizeps, der deinem Rücken dann Arbeit abnimmt. Halte deine Ellbogen daher leicht angewinkelt.

Alternativen: Klimmzüge: Seite 139, Klimmzug mit Widerstandsband: Seite 140.

Muskelgruppe: Rücken

ÜBERZUG MIT KURZHANTEL

BANKDRÜCKEN MIT KURZHANTELN

1. Lege dich in Rückenlage auf eine flache Bank, die Füße stehen seitlich sicher auf dem Boden. Greife zwei Kurzhanteln, die Handinnenflächen zeigen in Richtung Knie. Bringe die Kurzhanteln auf Schulterhöhe, sodass sie direkt über deinen Achseln ruhen.
2. Drücke beide Kurzhanteln gleichzeitig direkt über deine Brust, sodass sie sich während der Aufwärtsbewegung einander annähern. Am Ende der Druckbewegung dürfen die Seiten der Kurzhanteln sich sachte berühren. Die Kurzhanteln sollten sich nun über der Mitte deiner Brust befinden. Kontrahiere deine Brustmuskeln.
3. Führe die Gewichte dann kontrolliert zur Ausgangsposition zurück.

Trainingstipps
- Halte deine Ellbogen, wie im Bild gezeigt, ausgestellt, während du die Übung durchführst. Dadurch sorgst du für eine optimale Aktivierung deiner Brustmuskeln.
- Du kannst dir die Druckbewegung als umgekehrtes „V" vorstellen.

Alternativen: Liegestütze: Seite 143, Liegestütze mit erhöhtem Oberkörper: Seite 145, Liegestütze kniend: Seite 144.

Muskelgruppe: Brust

LIEGESTÜTZE

1. Knie dich hin. Stütze deine Hände auf dem Boden vor dir etwa schulterweit ab und strecke deine Beine nach hinten. Halte Beine und Füße dabei geschlossen. Strecke deine Arme. Hüften und Wirbelsäule sollten eine Linie bilden.
2. Senke deinen Körper ab, indem du Ellenbogen und Schultern beugst. Der Umkehrpunkt ist erreicht, wenn deine Brust etwa faustweit vom Boden entfernt ist.
3. Halte die Spannung einen Moment, bevor du dich in die Ausgangsposition zurückdrückst.

Trainingstipps

- Es ist nicht schlimm, wenn der Liegestütz derzeit noch zu anspruchsvoll für dich ist. Du kannst zunächst auch nur halbe Liegestütze durchführen. Positioniere dazu einen Basketball unter deinen Knien. Berührst du ihn, gehst du in die Drückbewegung über. Sobald du 25 saubere Wiederholungen schaffst, kannst du den Ball schrittweise in Richtung Hüften wandern lassen und schließlich zum vollständigen Liegestütz übergehen.
- Atme regelmäßig, während du die Übung durchführst. Faustregel: Atme während der Drückbewegung aus und atme ein, während du den Körper absenkst.
- Baue maximale Körperspannung auf, indem du Arme im Liegestütz nach unten ziehst, Bauch und Po anspannst, die Knie durchdrückst, die Ferse nach unten drückst.
- Du kannst den Schwierigkeitsgrad der Übung weiter erhöhen, indem du ein Bein vom Boden abhebst oder die Füße erhöht positionierst.

Alternativen: Liegestütze mit erhöhtem Oberkörper: Seite 145, Liegestütze kniend: Seite 144.

Muskelgruppe: Brust und Trizeps

LIEGESTÜTZE KNIEND

1. Knie dich mit geschlossenen Füßen auf den Boden. Stütze dich mit flachen, etwa schulterweit positionierten Händen vor dem Körper ab. Die Arme sind gestreckt und befinden sich in einer Linie mit deiner Brust. Kreuze deine Füße und spanne deinen Rumpf an. Dein Körper bildet von den Knien bis zum Kopf eine Gerade.
2. Senke deinen Körper ab, indem du Ellenbogen und Schultern beugst. Der Umkehrpunkt ist erreicht, wenn deine Brust etwa faustweit vom Boden entfernt ist.
3. Halte die Spannung einen Moment, bevor du dich in die Ausgangsposition zurückdrückst.

Trainingstipps
- Du kannst die Übung vereinfachen, indem du dich bis etwa faustweit über dem Boden absenkst. Sobald du auf diese Weise 20 Wiederholungen schaffst, vergrößerst du die Bewegung weiter. Alternativ kannst du auf den Liegestütz mit erhöhtem Oberkörper ausweichen, bis du die nötige Kraft entwickelt hast.
- Sobald du 20–30 saubere Wiederholungen schaffst, bist du reif für die nächste Stufe: Tausche diese Übung in deinem Trainingsplan gegen den Liegestütz.

Alternativen: Liegestütze: Seite 143, Liegestütze mit erhöhtem Oberkörper: Seite 145, enges Bankdrücken mit Langhantel: Seite 155, Bankdrücken mit Kurzhanteln: Seite 142.

Muskelgruppe: Brust und Trizeps.

1. Verwende eine Bank, einen Stuhl oder einen anderen erhöhten Gegenstand. Lehne dich mit geschlossenen Füßen und kerzengeradem Körper nach vorn und stütze dich mit den Händen auf der Bank etwa schulterweit ab. Deine Arme sind gerade.
2. Senke deinen Körper ab, indem du Ellenbogen und Schultern beugst. Der Umkehrpunkt ist erreicht, wenn dein Rumpf die Bank leicht berührt.
3. Halte die Spannung einen Moment, bevor du dich in die Ausgangsposition zurückdrückst.

Trainingstipps
- Du kannst die Schwierigkeit der Liegestütze durch die Position deines Oberkörpers verändern: Je höher der Gegenstand (etwa Tischkante, Wand), desto einfacher die Übung.
- Wenn du die vorgegebene Wiederholungszahl bequem schaffst, kannst du die Übung anspruchsvoller machen, indem du zum knienden Liegestütz übergehst.

Alternativen: Liegestütze: Seite 143, Liegestütze kniend, enges Bankdrücken mit Langhantel: Seite 155, Bankdrücken mit Kurzhanteln: Seite 142.

Muskelgruppe: Brust und Trizeps

LIEGESTÜTZE MIT ERHÖHTEM OBERKÖRPER

STEHENDES SCHULTERDRÜCKEN MIT LANGHANTEL

1. Nimm einen schulterweiten Stand vor der Langhantel ein, die idealerweise auf Brusthöhe abgelegt ist (zum Beispiel auf einem Power- oder Squatrack, wie du es in Fitnessstudios vorfindest). Greife die Langhantelstange, sodass die Handinnenflächen vom Körper fortweisen. Baue maximale Körperspannung auf.
2. Drücke die Langhantel senkrecht nach oben über deinen Kopf. Kontrahiere deine Schultermuskulatur am oberen Punkt.
3. Führe das Gewicht kontrolliert auf gleichem Weg in die Ausgangsposition zurück. Die Ellenbogen weisen während der gesamten Übung nach vorn, nie zur Seite.

Trainingstipp
Das Schulterdrücken mit Langhantel ist eine der anspruchsvollsten, aber auch eine der effektivsten Kraftübungen überhaupt.

Alternativen: Stehendes Schulterdrücken mit Kurzhanteln: Seite 147

Muskelgruppe: Schultern

STEHENDES SCHULTERDRÜCKEN MIT KURZHANTELN

1. Nimm einen schulterweiten Stand ein. Bringe die Kurzhanteln auf Schulterhöhe. Die Handinnenflächen weisen vom Körper weg. Baue maximale Körperspannung auf.
2. Drücke die Kurzhanteln senkrecht nach oben und innen, sodass die Hanteln sich in der oberen Position leicht berühren. Spanne deine Schultermuskulatur zusätzlich an.
3. Jetzt führst du die Gewichte wieder in die Ausgangsposition zurück.

Trainingstipps
- Indem du Deinen gesamten Körper unter Spannung behältst, stellst du sicher, dass die Kurzhanteln nicht nach außen „ausbüchsen", während du sie nach oben drückst. Denn das würde deine Schultern übermäßig belasten.
- Du kannst diese Übung auch im Sitzen durchführen, indem du am Ende einer Bank oder auf einem Stuhl Platz nimmst – so wird es etwas einfacher.

Alternativen: Stehendes Schulterdrücken mit Langhantel: Seite 146

Muskelgruppe: Schultern

REVERSE FLYE MIT KURZHANTELN

1. Nimm einen schulterweiten Stand ein. Greife zwei Kurzhanteln und lass sie seitlich an deinem Körper herabhängen. Winkle deine Ellbogen leicht an. Beuge deinen Rumpf nach vorn, bis er fast waagerecht ausgerichtet ist. Der Rücken bleibt dabei gerade.
2. Hebe die Kurzhanteln seitlich an, bis sie parallel zum Fußboden ausgerichtet sind. Spanne deine Schultermuskulatur zusätzlich an.
3. Jetzt führst du die Gewichte wieder in die Ausgangsposition zurück.

Trainingstipps
- Halte die Körperspannung während der gesamten Übung und arbeite ohne Schwung.
- Deine Ellbogen haben die natürliche Tendenz, während der Übung näher an deinen Körper zu kommen. Arbeite dagegen und halte deine Ellenbogen vom Oberkörper abgespreizt, damit deine hintere Schultermuskulatur weiter unter Spannung bleibt.
- Du kannst diese Übung auch im Sitzen durchführen.

Muskelgruppe: Schultern

1. Nimm einen schulterweiten Stand ein. Greife zwei Kurzhanteln und lass sie seitlich an deinem Körper herabhängen. Winkle deine Ellbogen leicht an.
2. Hebe die Kurzhanteln seitlich bis auf Schulterhöhe an. Spanne deine Schultermuskulatur zusätzlich an.
3. Jetzt führst du die Gewichte wieder in die Ausgangsposition zurück.

Trainingstipps
- Stell dir vor, du würdest Wasser aus einer Karaffe gießen, während du die Kurzhanteln anhebst. Dadurch erhöhst du die Spannung in deiner Schultermuskulatur.
- Du kannst diese Übung auch im Sitzen durchführen, indem du am Ende einer Bank oder auf einem Stuhl Platz nimmst. Diese Technik ist etwas leichter.

Muskelgruppe: Schultern

SEITHEBEN MIT KURZHANTELN

BIZEPS CURL IM STEHEN MIT KURZHANTELN

1. Nimm einen schulterweiten Stand ein und beuge deine Knie leicht. Greife ein Paar Kurzhanteln und lass sie seitlich an deinem Körper herabhängen. Die Handinnenflächen weisen nach vorn.
2. Fixiere deine Ellenbogen fest an deinen Seiten und halte sie während der gesamten Übung stabil. Hebe die Kurzhanteln in Richtung deiner Schulter, indem du deinen Arm am Ellbogengelenk beugst. Spanne deinen Bizeps am oberen Ende der Bewegung an.
3. Führe die Gewichte kontrolliert zur Ausgangsposition zurück.

Trainingstipps
- Du kannst die Kurzhanteln in der Ausgangsposition auch seitlich halten, sodass die Daumen nach vorn zeigen. In der Aufwärtsbewegung rotierst du deine Handgelenke dann um 90 Grad nach außen, sodass die Endposition identisch ist.
- Deine Handgelenke bleiben in der Aufwärtsbewegung in einer Linie mit den Unterarmen.
- Du kannst diese Übung auch im Sitzen durchführen.

Alternativen: Hammer-Curl im Stehen mit Kurzhanteln: Seite 151

Muskelgruppe: Bizeps

1. Nimm einen schulterweiten Stand ein und beuge deine Knie leicht. Greife ein Paar Kurzhanteln und lass sie seitlich an deinem Körper herabhängen. Die Handinnenflächen zeigen zueinander.
2. Fixiere deine Ellenbogen fest an deinen Seiten und halte sie während der gesamten Übung stabil. Hebe die Kurzhanteln in Richtung deiner Schulter, indem du deinen Arm am Ellbogengelenk beugst. Spanne deinen Bizeps am oberen Ende der Bewegung an.
3. Führe die Gewichte kontrolliert zur Ausgangsposition zurück.

Trainingstipp
Die Handgelenke sollen während der gesamten Bewegung in der gleichen Position sein, sodass sie sich in einer Linie mit deinen Unterarmen befinden.

Alternativen: Bizeps Curl im Stehen mit Kurzhanteln: Seite 150

Muskelgruppe: Bizeps

HAMMER-CURL IM STEHEN MIT KURZHANTELN

1. 2.

FRENCH-CURL MIT KURZHANTELN

1. Lege dich rücklings auf eine flache Bank und stelle deine Füße stabil auf den Boden. Nimm zwei Kurzhanteln und strecke deine Arme, so dass die Handinnenflächen zueinander zeigen. Arme und Rumpf sollten einen rechten Winkel bilden.
2. Senke die Kurzhanteln kontrolliert ab, bis deine Hände sich neben deiner Stirn befinden. Die Ellbogen weisen dabei senkrecht nach oben, halte sie möglichst dicht beisammen.
3. Kehre die Bewegung um, indem du die Hanteln in die Ausgangsposition zurückdrückst.

Trainingstipp
Stell dir vor, deine Ellbogen wären mit deinen Ohren verbunden – halte sie dort. Wenn du die Ellenbogen nach außen wandern lässt, muss der Trizeps zu wenig arbeiten.

Alternativen: Trizeps Dip: Seite 153, Trizeps Dip mit erhöhten Beinen: Seite 154, enges Bankdrücken mit Langhantel: Seite 155.

Muskelgruppe: Trizeps

TRIZEPS DIP

1. Setze dich seitlich auf die Kante einer Bank und platziere deine Füße sicher auf dem Boden. Halte deine Arme gestreckt und greife mit deinen Handflächen das Ende der Sitzfläche. Beuge deine Ellenbogen in einer langsamen Bewegung und senke deinen Hintern an der Sitzfläche vorbei so weit nach unten ab, wie es für dich komfortabel möglich ist. Die Ellenbogen bleiben während der gesamten Bewegung eng am Körper.
2. Führe deinen Körper in die Ausgangsposition zurück, indem du deinen Trizeps anspannst und die Arme ausstreckst.

Trainingstipps
- Du kannst die Übung erschweren, indem du deine Füße erhöht platzierst, beispielsweise auf einer zweiten Bank (siehe Trizeps-Dip mit erhöhten Füßen, Seite 154).
- Führe deinen Rücken während der gesamten Übung dicht an der Bank entlang. Mit zunehmendem Abstand erhöht sich die Belastung auf dein Schultergelenk.

Alternativen: French Curl: Seite 152, Trizeps Dip mit erhöhten Füßen: Seite 154, enges Bankdrücken mit Langhantel: Seite 155.

Muskelgruppe: Trizeps

TRIZEPS DIP MIT ERHÖHTEN FÜSSEN

1. Positioniere zwei Bänke (oder Stühle) etwa im Abstand von einer Beinlänge parallel zueinander. Halte deine Arme gestreckt und greife mit deinen Handflächen das Ende der einen Sitzfläche. Platziere deine Füße auf der Sitzfläche der anderen Bank.
2. Beuge deine Ellenbogen in einer langsamen Bewegung und senke deinen Po an der Sitzfläche vorbei so weit nach unten ab, wie es für dich komfortabel möglich ist. Die Ellbogen bleiben während der gesamten Bewegung eng am Körper.
3. Führe deinen Körper in die Ausgangsposition zurück, indem du deinen Trizeps anspannst und die Arme am Ellenbogen streckst.

Trainingstipps

- Du kannst die Übung vereinfachen, indem du deine Füße auf dem Boden platzierst (siehe Trizeps Dip, Seite 153).
- Wenn du eine Gewichtsscheibe oder Kurzhantel auf deinen Oberschenkeln ablegst, kannst du die Übung zusätzlich erschweren.
- Führe deinen Rücken während der gesamten Übung dicht an der Bank entlang. Mit zunehmendem Abstand erhöht sich die Belastung auf dein Schultergelenk.

Alternativen: French Curl: Seite 152, Trizeps Dip: Seite 153, enges Bankdrücken mit Langhantel: Seite 155

Muskelgruppe: Trizeps

1.   2.

1. Lege dich mit dem Rücken auf eine flache Bank, positioniere deine Füße sicher auf dem Boden. Greife die Langhantel, sodass deine Hände etwa 30 cm voneinander entfernt sind. Führe sie abwärts zur „BH-Line", direkt unterhalb deines Brustmuskels. Ziehe deine Schulterblätter zusammen und nach unten.
2. Drücke die Langhantel senkrecht nach oben, während du deine Ellenbogen eng am Körper führst. Am oberen Ende der Bewegung sollte die Stange sich über deiner mittleren Brust befinden. Spanne deine Trizepse an.
3. Führe die Langhantel auf gleichem Weg kontrolliert in die Ausgangsposition zurück.

Trainingstipp

Greife die Langhantel nicht zu eng. Sonst könnten deine Ellbogen nach außen „ausbüchsen". Das senkt die Muskelspannung im Trizeps – und so den Trainingseffekt.

Alternativen: French Curl: Seite 152, Trizeps Dip: Seite 153, Trizeps Dip mit erhöhten Füßen: Seite 154

Muskelgruppe: Trizeps und Brust

ENGES BANKDRÜCKEN MIT LANGHANTEL

PLANKE

1. Lege dich in Bauchlage auf den Boden. Die Unterarme und die Füße berühren den Boden, während du die neutrale Position deiner Wirbelsäule beibehältst. Positioniere die Füße nebeneinander.
2. Zehen und Unterarme halten dein Körpergewicht. Halte diese Position so lange wie möglich mit maximaler Körperspannung.

Trainingstipps
- Baue maximale Körperspannung auf, indem du deine Ellbogen nach unten ziehst, Bauch und Po anspannst, die Knie durchdrückst und die Hacken nach unten drückst.
- Setze dir das Ziel, die Planke mit maximaler Körperspannung für mindestens 60 Sekunden halten zu können. Verwende dazu eine Stoppuhr.
- Die Übung wird schwieriger, wenn du ein Bein vom Boden abhebst.

Alternativen: Beinheben liegend: Seite 157, Renegade Row: Seite 158, Ab-Rollout: Seite 159.

Muskelgruppe: Gesamter Rumpf

1. Lege dich rücklinks auf den Boden und halte die Arme gestreckt an deinen Seiten. Deine Beine sind geschlossen und gestreckt. Hebe Beine und Füße minimal vom Boden ab.
2. Hebe deine gestreckten Beine an, bis sie einen rechten Winkel mit deinem Oberkörper bilden. Halte deinen Oberkörper dabei am Boden.
3. Kontrahiere deine Bauchmuskeln und führe die Beine kontrolliert in die Ausgangsposition zurück.

Trainingstipps
- Stabilisiere deinen Oberkörper während der gesamten Übung. Das Einzige, was du bewegst, sind deine Beine, die du – gestreckt – auf und ab bewegst.
- Die Übung wird etwas einfacher, wenn du die Beine anwinkelst.

Alternativen: Planke: Seite 156, Renegade Row: Seite 158, Ab-Rollout: Seite 159.

Muskelgruppe: Bauch

BEINHEBEN LIEGEND

RENEGADE ROW

1. Knie dich hin, stütze deine Hände auf dem Boden vor dir etwa schulterweit ab und strecke deine Beine nach hinten. Die Beine sind dabei leicht geöffnet. Greife ein Paar Kurzhanteln und strecke deine Arme. Hüften und Wirbelsäule sollten eine Linie bilden. Dein Rücken bleibt in seiner neutralen Position.
2. Ziehe die Kurzhantel deiner schwächeren Seite nach oben und hinten, bis sie deine Hüfte berührt. Dein Ellbogen bleibt dabei dicht am Körper. Spanne deine Bauchmuskeln an und halte den Oberkörper stabil, indem du jede Art der Rotation vermeidest.
3. Dann kehrst du die Bewegung um und führst das Gewicht kontrolliert in die Ausgangsposition zurück.
4. Wiederhole die Übung mit der anderen Seite. Das ist eine Wiederholung.

Trainingstipps
- Platziere die Füße am besten etwas weiter geöffnet, als du es für nötig hältst. Das gibt dir mehr Stabilität und es fällt leichter, den Oberkörper beim Rudern stabil zu halten.
- Halte die Bauchmuskeln in Spannung, als wolltest du einen Schlag in die Magengrube abwehren. Bleib im Oberkörper stabil und vermeide jede Art der Rotation.

Alternativen: Planke: Seite 156, Beinheben liegend: Seite 157, Ab-Rollout: Seite 159

Muskelgruppe: Gesamter Rumpf

AB-ROLLOUT

1. Greife den Ab-Roller, sodass deine Handinnenflächen in Richtung deiner Knie zeigen. Knie dich so hin, dass deine Schultern sich über dem Ab-Roller befinden. Den Po streckst du nach oben.
2. Während du deine Knie auf dem Boden fixierst und deine Arme unter straffer Spannung hältst, rollst du so weit nach vorn, wie es dir komfortabel möglich ist, ohne mit dem Oberkörper den Boden zu berühren.
3. Dann kehrst du die Bewegung um, indem du deine Bauchmuskeln stark anspannst und auf gleichem Wege in die Ausgangsposition zurückkehrst.

Trainingstipps
- Achte darauf, dass die Rumpfmuskulatur bei dieser Übung die Arbeit leistet – nicht die Hüftmuskulatur.
- Die erste Hälfte der Bewegung dehnt die Bauchmuskeln. Die Kontraktion findet in der zweiten Hälfte statt, wenn du dich in die Ausgangsposition zurückziehst.
- Anstelle des Ab-Rollers kannst du auch eine mit 1,25 oder 2,5 Kilogramm schweren Gewichtsscheiben bestückte Langhantel verwenden.

Alternativen: Planke: Seite 156, Beinheben liegend: Seite 157, Renegade Row: Seite 158

Muskelgruppe: Bauch

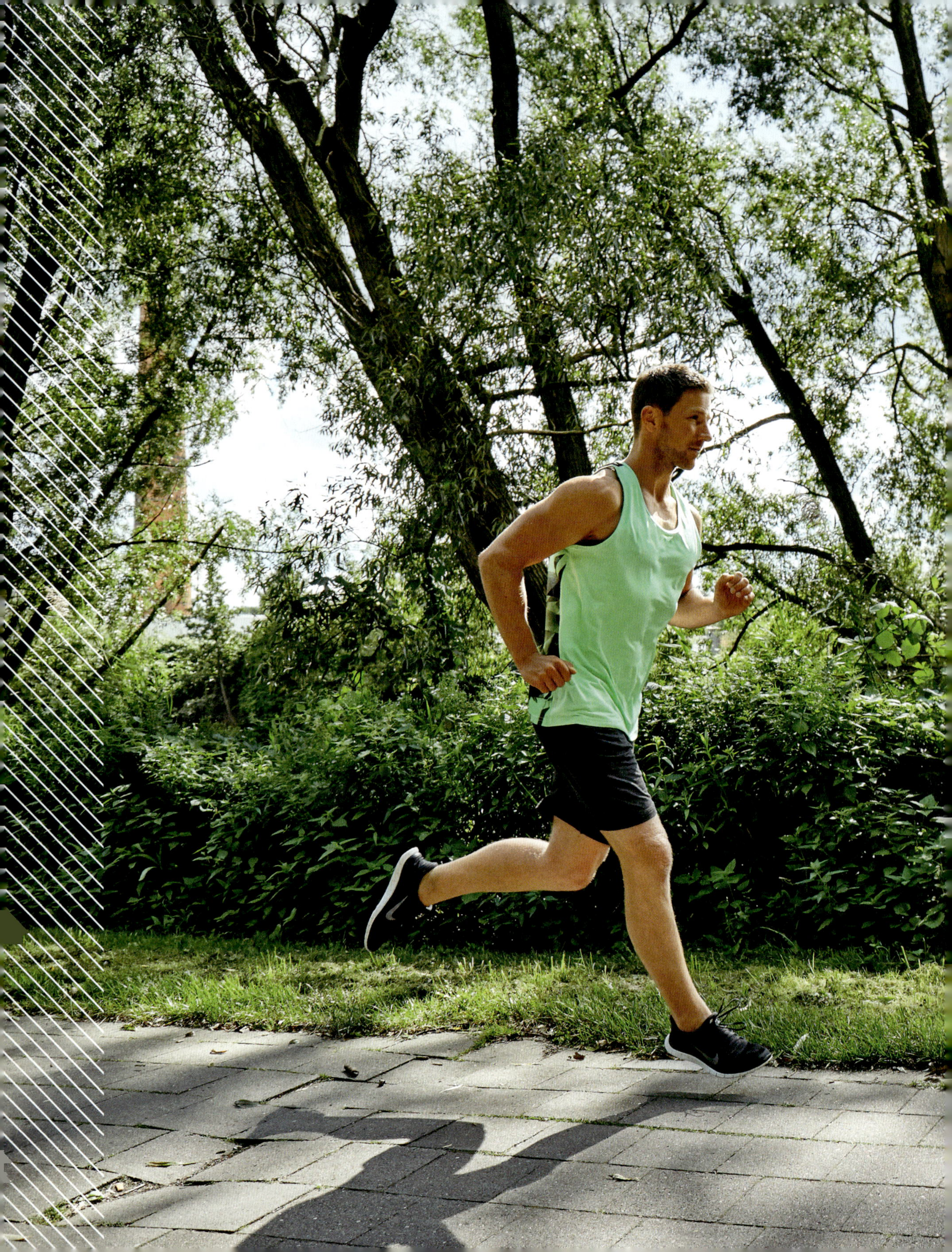

5
KARDIO-TRAINING

etzt kommen wir zum Kardiotraining – dem „K" der M.A.R.K.-Formel, m vierten Element. Als Kardiotraining wirkt alles, was dich in Bewegung setzt, deine Atem- und Herzfrequenz merklich und über eine längere Zeit pusht – und so deinen Kalorienverbrauch spürbar ankurbelt.

DAS IST KARDIOTRAINING

Als Kardio- oder Ausdauertraining wird die sportliche Bewegung bezeichnet, die große Muskelgruppen aktiviert und dabei messbar deine Atem- und Herzfrequenz erhöht. Du kannst es entweder bei konstantem Tempo lange durchführen oder in hochintensiven Intervallen, die sich mit kurzen Pausen abwechseln und wiederholen. Ausdauertraining ist dein Booster, wenn du Fett abbauen willst.

Kardiotraining gibt es in unzähligen Spielarten – ich bin mir sicher, da ist auch eine für dich dabei. Hier sind einige Beispiele aus dem vielseitigen Angebot: Walken oder Wandern, Joggen oder Laufen, Crosstrainer, das Training auf der Stufen-Maschine (Stairmaster), Radfahren, Rudern, Schwimmen und anderer Wassersport, Langlaufski, Hot Iron oder Iron Cross, andere Gruppenkurse, Videokurse, die dich zum Schwitzen bringen, Körpergewicht-Übungen und Calisthenics (im Kraftausdauer-Bereich) sowie zahlreiche weitere Sportarten wie etwa Boxen, Basketball, Tennis, Squash, Fußball, Sportklettern und andere mehr.

Kardiotraining sorgt dafür, dass du Glückshormone ausschüttest und zur ausdauernden Fettverbrennungsmaschine wirst. Dazu kombinierst du das Kardiotraining strategisch mit den anderen beiden Elementen – Ernährung und Krafttraining.

Wenn du schon sehr intensiv trainierst, aber drei bis fünf weitere Kilo abnehmen willst, die sich hartnäckig an deine Hüften krallen, ist Kardiotraining dein Trumpf. Denn es hilft dir dabei, die letzten Fettpolster loszuwerden. Bitte versteh mich richtig: Ich sage nicht, dass Ausdauertraining beim Abnehmen an oberster Stelle stehen sollte. Natürlich solltest du das Fundament bereits gelegt haben: Du hast deine Ernährung im Griff, du trainierst mit schweren Gewichten, im Anschluss ans Kraft-Workout absolvierst du noch ein Hochintensives Intervall-Training (HIIT, siehe Kasten rechts). Wenn du dann ein Plateau erreichst und es geht mit dem Fettabbau nicht weiter, dann kannst du durch Ausdauertraining mit niedriger Intensität dieses Plateau überwinden.

Für mich hat ein 45-minütiges entspanntes Kardio-Workout zudem etwas Meditatives. Ich nutze die Zeit ganz bewusst: Entweder höre ich dazu Musik, die ich liebe, oder Hörbücher, die mich interessieren.

Das ist Hochintensives Intervall-Training (HIIT)

Wie verbrennst du die meisten Kalorien in der kürzesten Zeit? Du trainierst mit maximaler Intensität – und das laaange ... Der Haken an der Sache: Einen Marathon kannst du nicht sprinten. Selbst zehn Minuten Vollgas sind ein Ding der Unmöglichkeit. Nehmen wir an, du gibst 85 bis 90 Prozent Stoff. Das hältst du eine, vielleicht zwei Minuten durch. Allerdings gibt's eine elegante Lösung, wie du das Gaspedal doch für einen längeren Zeitraum durchdrücken kannst: kurz HIIT. HIIT-Kardio besteht aus kurzen hochintensiven Blöcken, die sich mit Elementen niedriger Intensität abwechseln. Die Intervalle wiederholst du für eine vorgegebene Anzahl Runden.

DIE GRUNDLAGEN DES KARDIOTRAININGS

Die alles entscheidende Frage bezüglich Kardiotraining ist: Was regt den Stoffwechsel an? Deinen täglichen Kalorienbedarf kennst du inzwischen (siehe ab Seite 64). Und du weißt auch, dass du für ein Kaloriendefizit sorgen darfst, wenn du Fett abbauen willst. Doch welcher Weg ist am effizientesten, bringt am meisten Spaß und lässt dir den größten Spielraum? Die Antwort ist: Es kommt ganz auf dich an. Wo du stehst, wo du hinwillst, was du gern tust, was du bereit bist, dafür zu tun.

Das maßgeschneiderte Kardiotraining finden

Ein Trainingsplan ist wie ein Kleidungsstück: Konfektionsgrößen sind okay, aber deine Größe solltest du schon kennen. Und genau an dieser Stelle, bei der Frage, welcher Trainingsplan zu dir passt und für dich der richtige ist, setzen wir an. Du wirst jetzt vier Faktoren kennenlernen, die darüber entscheiden, ob dein Trainingsprogramm für dich wirksam ist – oder eben nicht.

1. Wie effektiv ist dein Programm?

Wenn du alle anderen Einflussgrößen konstant hältst, wird Fettabbau zum simplen Zahlenspiel: Je mehr Energie du verbrauchst, desto mehr Fett baust du ab. Weit verbreitet ist die Annahme, dass man mit einer niedrigen Intensität trainieren sollte, um mehr Fett beim Kardiotraining zu verbrennen. Es stimmt, dass dein Stoffwechsel bei niedriger Intensität anteilig mehr Fett zur Energiegewinnung heranzieht. Viele Menschen machen dann einen Denkfehler – weil sie Anteil und Absolutwert verwechseln. Dieser Absolutwert ist die Gesamtmenge an Speicherfett, die dein Körper zur Energiegewinnung heranzieht. Wenn du mit höherer Intensität trainierst, verbrennst du zwar anteilig weniger Fett und mehr Kohlenhydrate. Aber weil dein Kalorienverbrauch **insgesamt** deutlich höher liegt als bei entspanntem Training, verbrennst du – absolut gesehen – eben trotzdem **mehr** Fett.

2. Wie effizient ist es?
Das effizienteste Training ist das Workout, das die meisten Kalorien pro Zeiteinheit verbrennt. Ein Training mit niedriger Intensität, etwa Walking, verbrennt genauso sicher Fett wie ein HIIT (siehe Seite 163), wie Intervall-Sprints. Aber Sprints sind effizienter. Das heißt, wenn alle anderen Einflussfaktoren konstant bleiben, müsstest du länger oder öfter walken, um den gleichen Effekt zu erzielen wie bei HIIT-Sprints.

> Wenn du dein Training effizienter gestalten willst, kannst du die Intensität deines Trainings langsam erhöhen.

Du kannst jeden Tag eine Stunde spazieren gehen – zweifellos eine gute Grundlage, um dein Kaloriendefizit zu erhöhen. Es gibt viele Möglichkeiten, um die Intensität deines Trainings allmählich zu steigern: Vielleicht erhöhst du dein Gehtempo auf den Spaziergängen nach und nach. Oder du gehst einen Teil der Strecke bergauf. Vielleicht bewältigst du mehr Widerstand, zum Beispiel, indem du einen Rucksack trägst. Vielleicht intensivierst du dein Kardiotraining sukzessive – erst von langsam auf moderat, dann von moderat auf HIIT. Jede noch so kleine Bewegung verbrennt Kalorien und alles ist besser als nichts. Doch wenn du die Effizienz deines Trainings erhöhst, liefert dir jede Minute Training auch noch bessere Ergebnisse.

3. Wie viel Spaß macht es dir?
Dazu fällt mir ein Beispiel ein: Als meine Klientin Anja mir sagte: „Mark, das Fett muss weg!", stand sie kurz davor, ihren Kleiderschrank komplett neu füllen zu müssen, weil alle Hosen kniffen. Weniger als drei Monate später war sie begeistert: „Mark, ich kann meine Bauchmuskeln sehen". Sie hatte gut vier Kilo Fett ab- und Muskeln aufgebaut, die ihren Körper viel schlanker und definierter erscheinen ließen. Das Erstaunliche daran ist, dass sie auf das Kardiotraining im Fitnessstudio vollständig verzichtet hat.

Anja lebt im Schweizer Mittelland. Zusätzlich zum Krafttraining war sie nun oft mit dem Rad statt mit dem Auto ins Büro gefahren. Außerdem kümmerte sie sich um den geliebten Hund einer Nachbarin, mit dem sie morgens und abends jeweils 30 Minuten spazieren ging. Hat sie dadurch eine Menge Kalorien verbrannt? Und ob! War es harte Arbeit? Das hängt davon ab, wie du „harte Arbeit" definierst …

Sportliche Hobbys, die dir Spaß machen, sind die besten Kalorienfresser!

Wenn du etwas findest, das effektiv und effizient ist und dir Spaß macht, dann hast du den Jackpot gewonnen. Wenn es dir keine Freude macht oder einfach nicht in dein Leben passt, wird jedes noch so effektive und effiziente Trainingsprogramm früher oder später zum Bremsklotz.

4. Wie viel Spielraum bleibt?

Wenn ich von Spielraum spreche, dann meine ich damit das Prinzip der Progression. Progression bedeutet, dass ein Workout, das dich heute noch fordert, allmählich immer einfacher für dich wird: Dein Körper passt sich an. Während du stärker und ausdauernder wirst, willst du weiterhin Trainingsreize setzen und Fortschritte machen. Du willst dich weiterhin fordern und in anspruchsvollere Workouts hineinwachsen.

Jedes gute Trainingsprogramm beinhaltet Spielraum. Es lässt dir Luft nach oben, damit du besser werden kannst. Und zwar mittels so vieler Variablen wie möglich. Nehmen wir an, du wärst auf einem Plateau gelandet und nichts tut sich mehr. Um ein Plateau zu durchbrechen (siehe auch Seite 178), kannst du dein Training auf drei Arten verändern: Du kannst **intensiver, häufiger** oder **länger** trainieren.

Die Kalorienmenge, die du im Training verbrennst, ist – vereinfacht gesagt – das Produkt dieser drei Variablen. Natürlich ist es wichtig, dass du auf dem für dich passenden Niveau startest und von dort aus stetig Fortschritte machst.

Ich mag den Gedanken, dass du stets ein Bild deines Traumkörpers vor Augen hast, welches dich wirklich begeistert. Aber dein Trainingsplan sollte für dein derzeitiges Leistungsniveau passen und Spielraum lassen. Sonst wäre Dranbleiben nicht nur höllenschwer, du würdest auch Verletzungen riskieren.

Kurz: Es ist gut, wenn du etwas Puffer einplanst, sowohl im Hinblick auf deine Zeitplanung als auch auf deine körperliche Leistungsfähigkeit. Wenn dein Trainingsprogramm auf Kante genäht ist und dir keine Luft zur Steigerung lässt, ist Frust vorprogrammiert.

DEIN PERFEKTES KARDIOTRAINING: EINE ANLEITUNG IN DREI SCHRITTEN

Die folgenden Fragen helfen dir dabei, dein persönliches Optimum zu finden. Außerdem verrate ich dir einige „Best Practices" und Faustformeln aus dem Fitnesscoaching:

- Wie **lange** solltest du deine Ausdauer trainieren?
- Wie **oft** solltest du Kardiotraining machen?
- Wie **hart** solltest du trainieren?

Schritt 1: Wie lange solltest du deine Ausdauer trainieren?

Wenn du bei gleichbleibender Intensität doppelt so lange wie bisher trainierst, verbrennst du im Training doppelt so viele Kalorien und kannst doppelt so viel Fett abbauen. Doch allzu lange Kardioeinheiten bringen auch Nachteile mit sich: Du riskierst Verletzungen durch Überlastung und/oder ein Übertraining. Und es wird auch schnell öde – die wenigsten Menschen wollen täglich ein bis zwei Stunden im Fitnessstudio verbringen.

Eine effiziente Lösung muss her, die in dein Leben passt. Ich finde es gut, gerade so viel Kardiotraining zu absolvieren, wie du brauchst, um deine Wochenziele zu erreichen. Okay, die Eingangsfrage ist damit noch nicht beantwortet: Wie lange sollte das Kardiotraining dauern? Um das zu beantworten, ist ein Blick auf die Intensität wichtig. Denn dann ergeben sich drei Optionen, die für die meisten Menschen erfahrungsgemäß eine gute Lösung darstellen:

- Hochintensives Kardiotraining (HISS, HITT): 20 bis 30 Minuten pro Session.
- Kardiotraining mit moderater Intensität (MISS): 30 bis 45 Minuten pro Session.
- Kardiotraining mit niedriger Intensität (LISS): 45 bis 60 Minuten pro Session.

Mit jeder dieser drei Varianten verbrennst du aufgrund des unterschiedlichen Intensitätsniveaus ähnlich viele Kalorien. Wenn du gerade erst ins Training einsteigst, solltest du dich behutsam vortasten. Dann ist es eine gute Idee, wenn du mit niedriger bis moderater

Intensität beginnst und einen zeitlichen Umfang wählst, den du bewältigen kannst. Falls das beim ersten Training zehn Minuten Kardio mit niedriger Intensität sind, dann ist das super! Von dort aus erhöhst du die Dauer dann langsam, aber stetig – bis du das optimale Zeitfenster erreichst.

Schritt 2: Wie oft solltest du trainieren?

Wenn du deinen Fettabbau optimieren willst, wird in Trainingswissenschaft und -praxis die folgende Untergrenze empfohlen: Trainiere an drei Tagen pro Woche für 30 Minuten mit ausreichender Intensität, sodass du pro Session 300 oder mehr Kalorien verbrennst. Drei Trainingseinheiten pro Woche – Kardiotraining in Verbindung mit richtigem Krafttraining – in Kombination mit einer konservativ reduzierten Energieaufnahme über die Ernährung sind für die meisten Menschen ein großartiger Startpunkt.

Lass uns dieses Intervall – also dreimal pro Woche – als Trainingsfundament definieren. Sobald du das Trainingsfundament aufgebaut hast und dich gut damit fühlst, kannst du weitere Anpassungen machen, wenn du:

- mehr Kalorien verbrennen,
- schneller Fett abbauen oder
- ein Plateau durchbrechen willst.

Dann könntest du deine Kardio-Trainingsfrequenz auf vier bis sechs Einheiten pro Woche erhöhen, wenn dein Terminkalender das zulässt. Grundsätzlich spricht auch nichts gegen sieben Tage Bewegung pro Woche. Die meisten Menschen fühlen sich aber ausgeglichener in ihrem Leben, wenn sie sich wenigstens einen vollständigen Ruhetag pro Woche gönnen. Diese Balance hilft dir dabei, langfristig erfolgreich dranzubleiben. Wenn du dich entscheidest, dein Kardiotraining auf mehr als drei Einheiten pro Woche auszuweiten, ist es keine gute Idee, jeden Tag Vollgas zu geben. Mehr dazu findest du in meinen ausführlichen Trainingsplänen ab Seite 172, aus denen auch hervorgeht, welche Trainingsbestandteile variabel sind und welche Varianten es gibt.

Drei HIIT-Einheiten pro Woche sind okay. Wenn du häufiger trainierst, solltest du die übrigen Einheiten moderat oder entspannt gestalten. So vermeidest du nicht nur Verletzungen, sondern auch Übertraining und mentalen „Burnout".

Schritt 3: Wie hart solltest du trainieren?

Wenn ich von „hartem Workout" rede, dann meine ich damit die Intensität deines Trainings. Die Intensität ist ein Maß dafür, wie hoch deine Stoffwechselrate im Training ansteigt und wie viel Sauerstoff du benötigst. Trainingsintensität ist relativ. Wenn du bisher keinen Sport gemacht und dich auch im Alltag wenig bewegt hast, dann ist die Treppe vom Erdgeschoss ins erste Stockwerk vielleicht schon ein hochintensives Trainingsintervall für dich. Wenn du dagegen hervorragende Ausdauer mitbringst, ist ein Zehn-Kilometer-Lauf womöglich ein Kinderspiel. Für eine bessere Vorstellung von der Intensität deines Trainings kannst du verschiedene Hilfsmittel nutzen, etwa die Borg-Skala. Hiermit kannst du die Trainingsintensität anhand deiner individuellen Wahrnehmung beurteilen und steuern.

Stufe	Borg-Skala	Intensität des Kardiotrainings Aktivität	Kürzel
0	Sehr sehr leicht	Sitzen oder im Bett liegen	BMR*
1	Sehr leicht	Arbeit oder Aktivität (kein Training)	NEAT
2	Leicht	Arbeit oder Aktivität (kein Training)	NEAT
3	Moderat	Kontinuierlich mit niedriger Intensität	LISS
4	Etwas anstrengend	Kontinuierlich mit niedriger Intensität	LISS
5	Anstrengend	Kontinuierlich mit mittlerer Intensität	MISS
6		Kontinuierlich mit mittlerer Intensität	MISS
7	Sehr schwer	Kontinuierlich mit hoher Intensität	HISS
8		Intervalltraining (lange Intervalldauer)	HIIT
9		Intervalltraining (kurze Intervalldauer)	HIIT
10	Sehr, sehr schwer	Sprint mit Maximaltempo	HIIT

*BMR = Basal Metabolic-Rate: Grundumsatz

Wahrscheinlich bist du schon selbst darauf gekommen, dass die Borg-Skala nach ihrem Erfinder benannt ist, einem schwedischen Physiologen namens Gunnar Borg. Vielleicht erscheint sie dir auf den ersten Blick etwas ungenau, aber das täuscht: Die meisten Menschen können ihre Trainingsintensität subjektiv ziemlich gut auf einer Skala von eins bis zehn einschätzen, daher funktioniert die Borg-Skala in der Praxis ähnlich gut wie die Herzfrequenzmessung.

DER TURBOGANG IM KARDIOTRAINING

Einsteiger sollten niemals mit HIIT ins Training einsteigen, auch wenn ihre Motivation noch so hoch ist. Wenn du ganz entspannt mit einer Intensität loslegst, die sich gut für dich anfühlt, wirst du schnell feststellen, wie du von Woche zu Woche fitter wirst. Als Nächstes kannst du dann die Intensität langsam hochschrauben. Innerhalb eines Monats kannst du dir ein perfektes Ausdauer-Fundament aufbauen. Kardiotraining im LISS-Bereich („Low Intensity Steady State", Stufe drei bis vier auf der Borg-Skala) ist die effektivste Möglichkeit dafür. Hier bekommst du zwei Möglichkeiten an die Hand, wie du das Maximum aus deinem Kardiotraining holst – in minimaler Zeit.

1. **HIIT-Kardio.** Dieser Quickie frisst Kalorien in Rekordzeit. Kurz. Knackig. Effektiv. Kann Spaß machen – wenn du dich darauf einlässt (inklusive HIIT-Kardiotrainingsplan).
2. **HISS-Kardio.** Die Alternative: Tempomat ein, Kopf aus, los geht's! Richtig dosiert ein wahrer Kalorienkiller (inklusive HISS-Kardiotrainingsplan).

1. HIIT-Kardio – der Quickie, der Kalorien in Rekordzeit verschlingt

Mit HIIT (siehe Seite 163) verbrennst du die meisten Kalorien in kürzester Zeit. Die HIIT-Lastphasen kannst du unterschiedlich gestalten, zum Beispiel:

- **15 bis 30 Sekunden Vollgas** (Stufe zehn auf der Borg-Skala) oder
- **60 bis 120 Sekunden hochintensiv** (Stufe acht/neun bis zehn auf der Borg-Skala).

Zu kurze Lastphasen sind oft unpraktisch. Besonders auf Kardiogeräten, bei denen du dann Tempo, Steigung und/oder Widerstand nachjustieren musst. Zu lange Lastphasen lassen dich schnell nach unten aus dem HIIT-Bereich rutschen und aus einem hochintensiven wird ein reguläres Ausdauertraining. Ein effektives HIIT-Workout umfasst sechs bis zwölf Runden. Wenn du sehr kurze Intervalle wählst, vielleicht etwas mehr. Die vielen Gestaltungsmöglichkeiten des Kardiotrainings findest du auch im HIIT wieder. Ob auf dem Sportplatz, im Gelände, treppauf, mit dem Springseil, auf dem Laufband, auf dem Kardio- oder Spinning-Bike, am Crosstrainer, auf dem Rudergerät oder jedem anderen Kardiogerät – es gibt wirklich viele Möglichkeiten und nicht den einen richtigen Weg.

Wie viel Zeit kostet ein HIIT-Workout? Wenn du deinen Körperfettanteil senken willst, reichen 20 bis 25 Minuten für eine HIIT-Einheit völlig. Wenn du in erster Linie fit und gesund bleiben willst, genügen sogar kürzere HIIT-Einheiten. Im Folgenden bekommst du drei HIIT-Kardio-Trainingspläne, mit denen du direkt durchstarten kannst. Absolute Neueinsteiger oder Übergewichtige sollten erst mit einer anderen Trainingsart starten, bevor sie ein HIIT durchführen.

1. Level 1 für Dranbleiber-Novizen

Wähle diesen HIIT-Kardio-Trainingsplan, wenn du bereits genügend Grundlagenausdauer aufgebaut hast: Vier Runden HIIT-Kardio – Verhältnis Last/Erholung 1:2 – Zeitaufwand: 23 Minuten.

1. **Warm-up:** fünf Minuten Kardio bei niedriger Intensität (Stufe 3–4)
2. **Lastphase:** 60 Sekunden Kardio mit mittelhoher Intensität (Stufe 7–8)
3. **Erholungsphase:** zwei Minuten Kardiotraining bei niedriger Intensität (Stufe 3–4)
4. **Repeat:** führe vier weitere Runden durch
5. **Cool-down:** fünf Minuten bei niedriger Intensität (Stufe 3–4)

Wenn du dieses Training dreimal pro Woche für etwa einen Monat durchziehst, bist du bereit für Level 2.

2. Level für fortgeschrittene Dranbleiber

Hast du den Level 1 HIIT-Kardio-Trainingsplan erfolgreich absolviert? Herzlichen Glückwunsch, dann bist du offiziell ein fortgeschrittener Dranbleiber! Deine Eckdaten jetzt: Sechs Runden HIIT-Kardio – Verhältnis Last/Erholung 1:1 – Zeitaufwand: 23 bis 27 Minuten.

1. **Warm-up:** fünf Minuten Kardio bei niedriger Intensität (Stufe 3–4).
2. **Lastphase:** 60 Sekunden Kardio mit hoher Intensität (Stufe 8–9)

3. Erholungsphase: 60 Sekunden Kardio bei niedriger Intensität (Stufe 3–4)
4. Repeat: führe sechs bis acht weitere Runden durch.
5. Cool-down: fünf Minuten bei niedriger Intensität (Stufe 3–4)

Wenn du dieses Training dreimal pro Woche für etwa einen Monat durchziehst, bist du bereit für Level 3.

3. Level für Dranbleiber-Jedis

Hast du den Level-2-HIIT-Kardio-Trainingsplan erfolgreich absolviert? Respekt, du bist jetzt ganz offiziell ein HIIT-Dranbleiber-Jedi! Der Plan jetzt: Acht bis zehn Runden HIIT Kardio – Verhältnis Last/Erholung 1:1 – Zeitaufwand: 27 bis 31 Minuten.

1. Warm-up: fünf Minuten Kardio bei niedriger Intensität (Stufe 3–4)
2. Lastphase: 60 Sekunden Kardio mit sehr hoher Intensität (Stufe 9–10)
3. Erholungsphase: 60 Sekunden Kardio bei niedriger Intensität (Stufe 3–4)
4. Repeat: führe acht bis zehn weitere Runden durch
5. Cool-down: fünf Minuten bei niedriger Intensität (Stufe 3–4)

Dieses HIIT-Kardio kannst du ab sofort dreimal pro Woche in dein Trainingsprogramm integrieren.

2. HISS-Kardio – Kopf aus und los!

HISS ist eine Alternative zum HIIT, die ebenfalls viele Kalorien in kurzer Zeit frisst. HISS steht für „High Intensity Steady State". Es ist ebenfalls hochintensiv, aber im Gegensatz zum HIIT hältst du das Tempo konstant. HISS ist die höchste Trainingsintensität, die du für die Dauer deines Kardiotrainings konstant durchhalten kannst. Logischerweise trittst du das Gaspedal nicht zu 100 Prozent durch, wie beim HIIT. Ich nenne HISS auch Tempomat-Kardio, weil es vergleichbar mit einer Autobahnfahrt ist, bei der du den Tempomat gerade so hoch einstellst, dass die Radarfalle nicht zuschnappt.

Dein Ziel erreichst du schnellstmöglich. Aber weil du das Tempolimit einhältst, vermeidest Du, dass eine Zivilstreife dich erwischt, rauswinkt und anhalten lässt. Das würde die Fahrtzeit unnötig in die Länge ziehen. Uncool, denn Zeit wollen wir ja gerade sparen. Die Logik hinter HISS-Kardio ist simpel:

Kalorienverbrauch = (Intensität deines Trainings) x (Dauer deines Trainings)

Du kannst diesen HISS-Kardio-Trainingsplan nutzen, wenn du bereits genügend Grundlagenausdauer aufgebaut hast. Egal, wie viel Zeit du hast – 25, 40 oder 55 Minuten.

1. Warm-up: fünf Minuten Kardio bei niedriger Intensität (Stufe 3-4).
2. HISS-Kardio: 15 bis 45 Minuten HISS Kardio mit hoher Intensität (Stufe 7)
3. Cool-down: fünf Minuten bei niedriger Intensität (Stufe 3-4)

KARDIO-TRAININGSPLÄNE FÜR EINSTEIGER UND FORTGESCHRITTENE

Hier findest du noch drei Kardiopläne – einen für Einsteiger, den zweiten für alle, die schon kontinuierlich dabei sind, und den dritten, falls du den Fettabbau so richtig ankurbeln willst. Weitere Vorlagen und Anregungen für deinen persönlichen Kardio-Trainingsplan findest du unter **www.lgnbuch.de**

Der Kardio-Trainingsplan für Einsteiger

Tag	Montag	Dienstag	Mittwoch	Donnerstag	Freitag	Samstag	Sonntag
Trainingsart	Walken auf dem Laufband	-	Crosstrainer	-	Walken auf dem Laufband	-	-
Dauer	30 Min.	-	30 Min.	-	30 Min.	-	-
Intensität	Stufe 5	-	Stufe 5	-	Stufe 5	-	-
Methode	Dauermethode	-	Dauermethode	-	Dauermethode	-	-
Parameter	5% Steigerung	-	-	-	5% Steigerung	-	-

Der Kardio-Trainingsplan Baseline

Tag	Montag	Dienstag	Mittwoch	Donnerstag	Freitag	Samstag	Sonntag
Trainingsart	Fahrrad-Ergometer	-	Treppen-Ergometer	-	Crosstrainer	-	Wandern/Spazierengehen
Dauer	24 Min.	-	30 Min.	-	24 Min.	-	60+ Min.
Intensität	Stufe 4/9	-	Stufe 7	-	Stufe 4/9	-	Stufe 3
Methode	10 Intervalle	-	Dauermethode	-	10 Intervalle	-	Dauermethode
Parameter	1 Min. / 1 Min.	-		-	1 Min. / 1 Min.	-	

Der Kardio-Trainingsplan für maximalen Fettabbau

Tag	Montag	Dienstag	Mittwoch	Donnerstag	Freitag	Samstag	Sonntag
Trainingsart	Fahrrad-Ergometer	Treppen-Ergometer	Laufen/Laufband	Fahrrad-Ergometer	Ruder-Ergometer	Treppen-Ergometer	-
Dauer	24 Min.	30 Min.	45 Min.	24 Min.	30 Min.	45 Min.	-
Intensität	Stufe 4/9	Stufe 7	Stufe 7	Stufe 4/9	Stufe 8	Stufe 7	-
Methode	10 Intervalle	Dauermethode	Dauermethode	10 Intervalle	Dauermethode	Dauermethode	-
Parameter	1 Min. / 1 Min.			1 Min. / 1 Min.			-

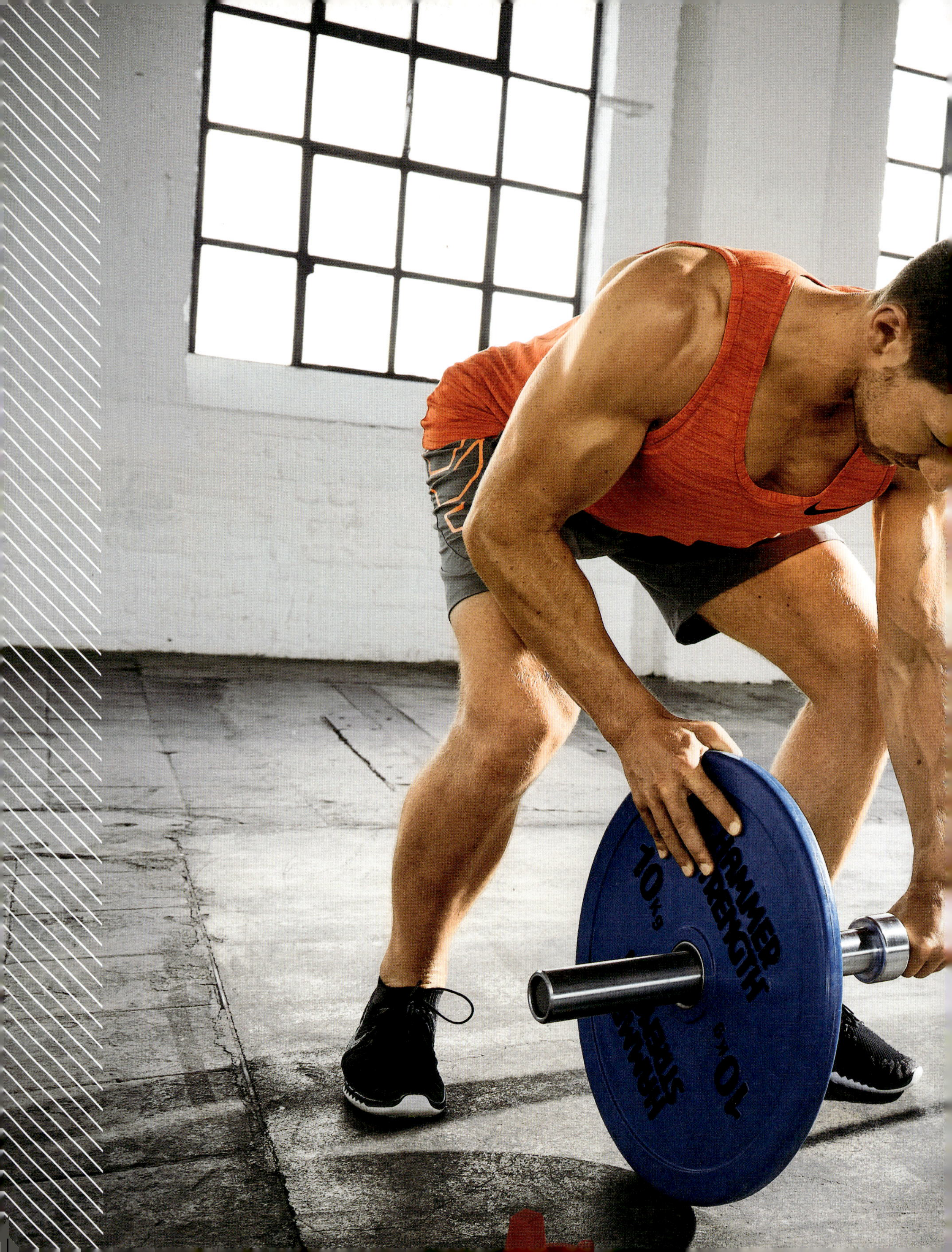

6

→

TROUBLE-SHOOTING – RÜCKSCHLÄGE NUTZEN

Ob auf dem Weg zum durchtrainierten Körper oder in anderen Lebensbereichen – kein Weg führt immer nur steil bergauf. Es gibt immer Rückschläge, Umwege werden nötig sein. Ein Dranbleiber ist, wer damit konstruktiv umgeht und sich nicht entmutigen lässt.

SEI EIN DRANBLEIBER!

Wenn du das Buch bis zu diesem Kapitel gelesen hast, fragst du dich vielleicht: Bin ich tatsächlich ein Dranbleiber? Was, wenn etwas schiefgeht? Werde ich vielleicht an der ersten Hürde scheitern? Vielleicht bist du sogar schon ins Straucheln geraten und niedergeschlagen, weil du es nicht beim ersten Anlauf geschafft hast? Die Tatsache, dass du bis zu diesem Punkt gekommen bist, beweist es: Du bist ein Dranbleiber! Ein Dranbleiber setzt sich Ziele und er erreicht sie. Ein Dranbleiber weiß, dass Rückschritte und Misserfolge genauso Teil des Weges sind wie Fortschritt und Erfolg. Du und ich, wir sitzen im selben Boot. Yep, auch ich falle regelmäßig auf die Nase – Rückschritte darfst du akzeptieren, wenn du etwas vorhast.

Ein Beispiel gefällig? Schau dir die Fotos von mir hier im Buch an. Für das Shooting wollte ich meine Bestform erreichen. In den Monaten vor dem Fotoshooting hieß das für mich: Körperfettanteil senken, ohne dabei Muskeln abzubauen. Einige Herausforderungen, wie Hochzeiten und runde Geburtstage einiger Freunde, die natürlich ausgerechnet in den Wochen vor dem Shooting lagen, hatte ich eingeplant. Dass ich mir ziemlich genau drei Monate vor dem Shooting den Fuß brechen sollte, war allerdings nicht vorgesehen. Wahrscheinlich kannst du dir denken, dass ich alles andere als begeistert war. Aber nun bin ich dankbar, weil ich wieder einmal etwas über meinen Körper gelernt habe.

Rückschritte sind die beste Möglichkeit, etwas Neues zu lernen.

Während der Bruch heilte, musste ich das Kardio- und Beintraining einschränken. Also korrigierte ich den Kurs: Um die Muskeln zu erhalten, trainierte ich um die Verletzung herum. Gleichzeitig passte ich die Ernährung meinem gesunkenen Kalorienbedarf an. Bald machte ich wieder Fortschritte. Rückblickend war das Timing fast perfekt: Bis zum Fotoshooting war der Knochen wieder verheilt. Letztlich bedeutet Dranbleiben vor allem eines: Du willst deine Komfortzone verlassen und einen Weg finden. Egal, was auch passiert. Und mein Ziel? Habe ich erreicht: Hier siehst du mich in meiner bisherigen Bestform. Vielleicht fällt dir auch auf, dass wir Spaß beim Shooten hatten. Jetzt fragst du dich vielleicht: Was hat das mit dir zu tun? Alles. Wir wollen nackt gut aussehen. Und der Weg dorthin darf Spaß machen. Gerade dann, wenn es mal nicht nach Plan läuft. In diesem Kapitel erfährst du nicht nur, wie du mit Misserfolgen, Rückschlägen und Planabweichungen umgehst. Sondern auch, wie du sie zu deinem Vorteil nutzt – um langfristig noch bessere Ergebnisse zu erreichen.

SO ENTWICKELST DU DAS RICHTIGE MINDSET

„Ich nehme einfach nicht ab – trotz Sport und gesunder Ernährung!" In solchen Sätzen schwingt eine gehörige Portion Frust mit. Ich verstehe das, weil ich es selbst kenne. Ich erlaube mir bei Klienten, die so etwas zu mir sagen, oft die Gegenfrage: „Bist du dir da ganz sicher – stimmt das wirklich?" Immer wieder überrascht es mich nämlich, wie viele Menschen ihre Fortschritte einfach übersehen. Warum? Weil sie sich auf das Falsche konzentrieren. Oft entpuppt sich das vermeintliche Fortschritts-Plateau als Messfehler.

Der richtige Umgang mit Fehlern und Rückschlägen

Was bedeutet das Wort **Misserfolg** für dich? Nimm dir einen Moment und schreib es auf. Notiere nun daneben, was du unter **Erfolg** verstehst. Wenn du deine Gedanken aufschreibst, hilft dir das, sie zu organisieren. Ich empfehle dir, dass du deine Erfahrungen und deine Gedanken in ein Tagebuch schreibst. Anhand deiner Aufzeichnungen lass uns gemeinsam überlegen: Was ist ein Misserfolg wirklich? Wenn Erfolg bedeutet, dass du deine Ziele erreichst, bedeutet Misserfolg, dass du deine Ziele nicht erreichst. Aber wie entscheidest du, ob etwas ein Misserfolg ist? Der Dranbleiber hat einen kritischen Punkt verstanden:

Es gibt keinen Misserfolg, es gibt nur Feedback.

Hast du schon mal versucht, einen Kuchen zu backen, ohne die Küche zu verdrecken? Tatsächlich sieht jeder Erfolg zwischendurch aus wie ein Misserfolg. Frag einen Chirurgen. Sein Arbeitsplatz kann während einer Operation mitunter wie ein Tatort aussehen. Wenn du nach einer Woche Arbeit deinen Körperfettanteil misst und feststellst, dass sich nichts getan hat, ist das kein Scheitern. Es ist einfach nur **Feedback.** So lange du ein Ziel hast, für das du jeden Tag eine Kleinigkeit tust, ist jedes Ergebnis deiner Anstrengungen ein Feedback. Vielleicht ist es nicht das Ergebnis, das du dir erhofft hattest, aber es ist wertvolles Feedback. Erfolgreiche Menschen nutzen dieses Feedback, um etwas Neues auszuprobieren. So wie Albert Einstein, der mal sagte: „Die Definition von Wahnsinn ist, immer wieder das Gleiche zu tun und andere Ergebnisse zu erwarten."

Der wichtigste und erste Schritt sind die Feedback-Systeme (siehe ab Seite 111), die dir helfen, Abweichungen zu erkennen und zu korrigieren. Misserfolge helfen dir also dabei, den richtigen Weg zu finden! Schreib dein Feedback auf einen Zettel oder in dein Tagebuch und formuliere deine Gedanken und Erfahrungen zum Thema Misserfolg:

- Wo warst du erfolgreich, obwohl das Ganze zunächst nach einem Misserfolg aussah? Es kann eine Situation sein, in der es um deine Fitness geht. Oder ein Erlebnis aus einem anderen Lebensbereich.
- Was hat dir in jenem kritischen Moment, den andere „Misserfolg" genannt hätten, geholfen dranzubleiben?

WIE KOMMT ES ZU EINEM PLATEAU?

Gehen wir ganz praktisch weiter vor: Was tun, wenn der Fettabbau zum Erliegen kommt? Die Wahrheit ist, früher oder später passiert das jedem einmal. Vielleicht hast du ein Plateau beim Abnehmen erreicht. Oder du hattest einfach eine schlechte Woche, in der du deine Ernährungs- oder Trainingsziele nicht erreicht hast. Manchmal scheint es wie verhext. Wenige wissen, dass ein Plateau nicht die Ausnahme ist, sondern die Regel. Du kannst jedes Plateau durchwandern, danach geht es wieder bergauf. Das Schlimmste, was dir passieren könnte, ist, jetzt aufzugeben. Deshalb zeige ich dir nun einen Ausweg aus dieser Falle. Bist du bereit, wieder Fortschritte zu machen? Dann los!

Solange du deine Ernährung und dein Training sauber planst und beharrlich dranbleibst, machst du Fortschritte? Klingt logisch, ich weiß. Aber es stimmt nicht. Dein Körper verfolgt seine eigene Agenda. Die Evolution hat uns ein Ziel mitgegeben: Dein Körper strebt Stabilität an. Wenn sich die äußeren Faktoren ändern, passt dein Körper sich an. Diese Fähigkeit, stets optimal auf die Welt dort draußen vorbereitet zu sein, war für den Urzeitmenschen lebensnotwendig. Für uns heißt das:

- Du baust Muskeln auf mit dem richtigen Krafttraining und einer ausgewogenen Ernährung (mit leichtem Kalorienplus). Und zwar so lange, bis du den nächsten Gleichgewichtszustand erreicht hast.
- Du baust Fett ab, wenn du ins Energiedefizit gehst, dich gut ernährst und richtig trainierst. Und zwar so lange, bis du den nächsten Gleichgewichtszustand erreicht hast.

Deine Fortschritte werden mit der Zeit immer kleiner, je näher du dem nächsten Gleichgewichtszustand kommst. Auch wenn du nach dem „Keep doing what works"-Prinzip nichts änderst. Denn jeder noch so gute Trainings- und Ernährungsplan führt dich früher oder später auf ein Plateau. Ein Plateau ist also weder ungewöhnlich noch schlimm. Es ist normal. Ab wann sprechen wir eigentlich von einem Plateau? Wenn sich von heute auf morgen auf der Waage nichts tut? Nein, hier ist meine Definition:

> Wenn du für mindestens zwei Wochen keine messbaren Fortschritte machst, hast du ein Plateau erreicht.

Auch wenn du auf Kurs bist, kann ein versehentlicher Fehler im Training oder in der Ernährung dazu führen, dass deine Erfolge abrupt stoppen. Die meisten Menschen reagieren dann reflexartig, indem sie die Schuld in Dingen suchen, die sie nicht beeinflussen können: Einige Menschen denken, sie hätten einen langsamen Stoffwechsel. Andere glauben, sie hätten schlechte Gene. Und wieder andere meinen, sie hätten ein Problem mit der Schilddrüse.

Wenn du erst Fortschritte gemacht hast, die nun ausbleiben, dann bedeutet das: Du warst in einem Kaloriendefizit, hast abgenommen – und jetzt bist du nicht mehr in einem Kaloriendefizit. Ursache für ein Plateau ist oft eine der folgenden fünf:

Ursache 1 – Hunger-Stoffwechsel durch zu hohes/langes Kaloriendefizit. Die Wissenschaft nennt es „adaptive Thermogenese". Bekannter ist der Mechanismus aber als „Hunger-Stoffwechsel": Dein Körper interpretiert ein aggressives und anhaltendes Kaloriendefizit als Hungersnot. Daher senkt er die Stoffwechselrate automatisch, um Energie zu sparen. Das reicht zwar nicht, um den Fettabbau zum Erliegen zu bringen, weil du immer noch im Defizit bleiben würdest. Aber es bremst deine Fortschritte ordentlich aus, sodass deine tatsächlichen Ergebnisse deutlich unter denen liegen, die du rein rechnerisch erwartet hättest.

Ursache 2 – ein schlanker Körper benötigt in Ruhe weniger Kalorien: Wenn du Fett abbaust, sinkt mit deinem Gewicht auch dein Kalorienverbrauch. Das bedeutet, unter gleichen Bedingungen verbrauchst du deutlich weniger Kalorien als vor dem Abnehmen. Das, womit du vorher noch abgenommen hast, reicht nun aus, um deinen Grundbedarf zu decken – und du befindest dich prompt auf einem „unerklärbaren" Plateau. Um den Fettabbau wieder in Gang zu bringen, brauchst du ein Kaloriendefizit. Dazu kannst du entweder dein Kalorienziel nach unten korrigieren oder deinen Kalorienverbrauch erhöhen.

Ursache 3 – ein schlanker Körper benötigt in Bewegung weniger Kalorien: Je mehr Gewicht du mit dir herumträgst, desto mehr Kalorien verbrennst du. Glaubst du nicht? Schnall dir einfach mal einen Tag lang einen 20-Kilo-Rucksack auf den Rücken. Spätestens beim Joggen, Treppensteigen oder Klimmzug-Training fühlst du es. Umgekehrt verbrennst du weniger Kalorien, wenn du das Zusatzgewicht wieder abwirfst.

Ursache 4 – erfasste Kalorien ≠ tatsächlich aufgenommene Kalorien: Es ist nicht ungewöhnlich, dass Menschen ihre Kalorienzufuhr um bis zu 50 Prozent unterschätzen. Selbst, wenn du ein detailliertes Ernährungstagebuch führst, können Abweichungen auftreten. Vielleicht vergisst du, einen Teil der Mahlzeiten zu erfassen – oder schätzt die Mengen, die du isst, falsch ein. Manche verwenden auch fehlerhafte Nährwertangaben. In Online-Datenbanken können die User zum Beispiel selbst Nährwerte hinterlegen. Hier passieren oft Tippfehler.

Anders formuliert: Es gibt Menschen, die felsenfest davon überzeugt sind, nur 2.000 Kalorien am Tag zu essen, und sich nicht erklären können, warum sie keine Fortschritte mehr machen. Tatsächlich haben sie aber schlicht beim Tracken einen Teil unterschlagen, essen in Wirklichkeit vielleicht 1.000 Kalorien mehr am Tag und befinden sich ganz und gar nicht in einem Kaloriendefizit.

Ursache 5 – zu viele Ausnahmen von der Regel: Verbote sind Mist – ich bin kein Freund davon. Du brauchst keine 100 Prozent: Wer zu 90 Prozent auf Kurs bleibt und zu zehn Prozent Ausnahmen zulässt, kann hervorragende Fortschritte erwarten. Doch manchmal werden nach und nach aus zehn erst 20 und dann 30 Prozent – die Ausnahme wird schleichend zur Regel. Vielleicht hast du dich vier Tage lang konsequent an deine Kalorienziele gehalten – und dann kam das Wochenende mit „ein paar Ausnahmen". Die hast du dir schöngerechnet. Und wunderst dich nun, wieso du nicht abnimmst – die meiste Zeit hast du dich doch perfekt an die Vorgaben gehalten?! Wir Menschen wollen oft nur das wahrnehmen, was unsere Erwartungen bestätigt. Psychologen nennen das „Bestätigungs-" oder „Rückschaufehler"

Die richtige Einstellung im Umgang mit deinem Plateau

Erfolg ist selten eine gerade Linie. Fortschritt passiert in Schüben. Dann triffst du auf Plateaus, die es zu überwinden gilt. Widerstände sind unvermeidbar. Du willst sie überwinden. Akzeptiere, dass es Hoch- und Tiefphasen geben wird. Bereite dich mental und körperlich darauf vor!

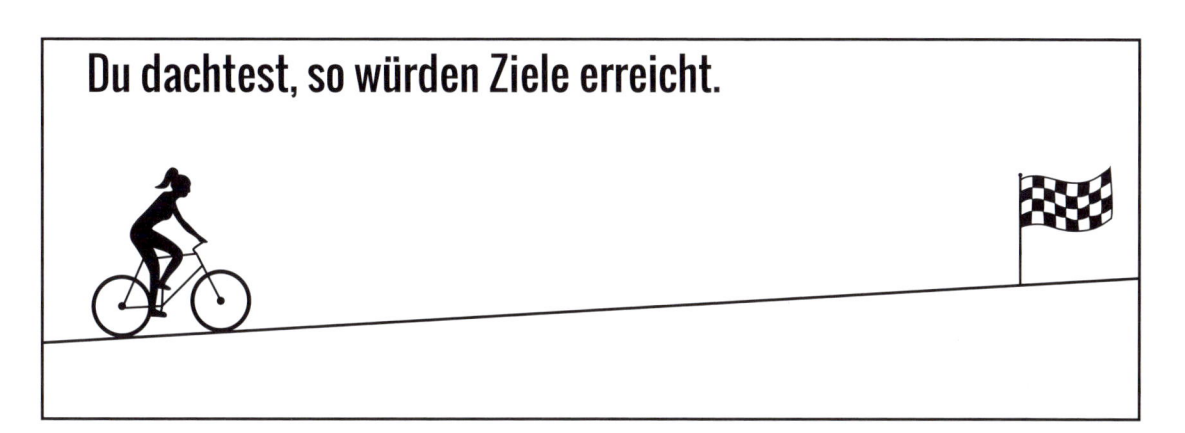

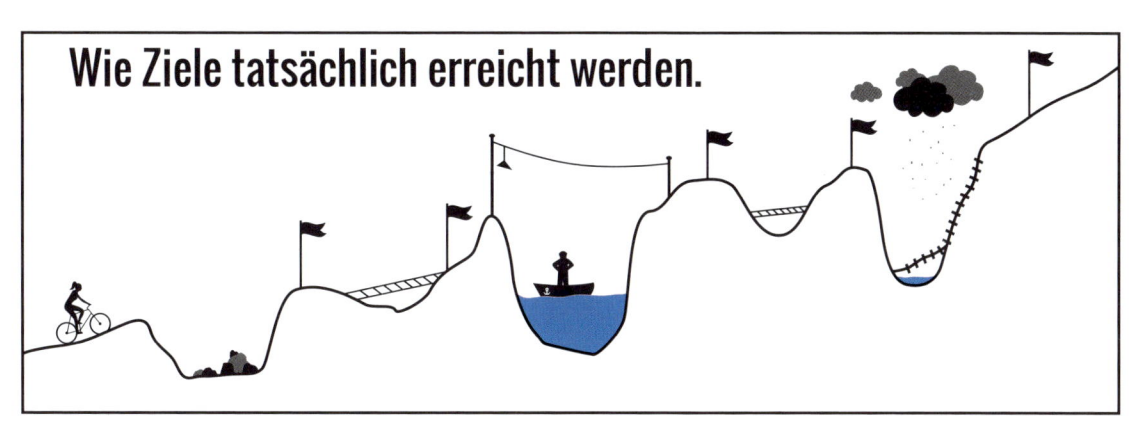

Du dachtest, so würden Ziele erreicht.

Wie Ziele tatsächlich erreicht werden.

Die wichtigste Fähigkeit ist, dass du entspannt und optimistisch bleibst. Auch, wenn die Ergebnisse suboptimal sind oder etwas Unerwartetes passiert. Viele Menschen knicken dann ein. Einige geben ihren großen Traum sogar völlig auf. Und das nur, weil der erste Versuch vielleicht nicht den gewünschten Erfolg bringt. Aber es gibt auch Menschen, die sich nicht beirren lassen. Menschen, die ihr Ziel niemals aufgeben. Wie eine Bulldogge, die einen Knochen zwischen ihren Zähnen nicht mehr hergeben will. Je mehr du daran ziehst, desto wütender hält sie ihn fest.

Psychologen erklären das mit der Art und Weise, wie du dir die Welt erklärst. Die unsichtbaren Skripte, mit denen du dir Erfolge und Misserfolge erklärst, machen den Unterschied. Menschen, die aus Gewohnheit aufgeben, suchen Erklärungen im Absoluten. In Dingen, die sie nicht beeinflussen können, etwa: „Eine Ernährungsumstellung funktioniert bei mir nie." Oder: „Ich habe schlechte Gene, also werde ich immer fett bleiben." Oder: „Es muss an meinem Alter liegen." Damit geben sie nicht nur die Verantwortung ab („Ich kann nichts dafür!") – sie geben auch das Ruder aus der Hand. Finde Erklärungen, die auf dein eigenes Verhalten zurückzuführen sind:

- „Ich habe diese Woche zu viel Junk-Food gegessen."
- „Ich habe ein paar Trainingseinheiten ausfallen lassen."
- „Ich habe zu viel Alkohol getrunken."

Übernimm die Verantwortung, behalte das Ruder in der Hand und fokussiere dich auf das, was du verändern kannst.

Hindernisse sind immer etwas Vorübergehendes.

Wenn du einen schlechten Tag hast oder ein Training ausfallen lassen musstest, dann sage dir: „Okay, es ist passiert. Aber es ist Vergangenheit." Erinnere dich daran: Es war nur eine Mahlzeit, nur ein Training, nur ein Tag. Morgen ist ein neuer Tag.

WIE DU JEDES PLATEAU ÜBERWINDEST

Stillstand beim Abnehmen ist kein Grund zur Verzweiflung. Ganz im Gegenteil: Ein Plateau ist nicht die Ausnahme, sondern die Regel. Ein Plateau bedeutet nur eines: Du darfst etwas verändern. Ich mag den Gedanken, dass du dabei entspannt bleibst.

Der erste Schritt: Verschaffe dir einen Überblick über deine Situation. Was ist die Hauptursache? Was kannst du anders machen? Meist gibt es mehr als nur eine Möglichkeit. Dann ist es gut, wenn du zuerst das angehst, was dir am leichtesten fällt. Die fünf häufigsten Gründe für Stillstand beim Abnehmen kennst du nun. Jetzt zeige ich dir die Tricks, mit denen du jedes Fettabbau-Plateau durchbrichst. Wenn du Schwierigkeiten hattest, den Fettabbau überhaupt in Gang zu bringen, oder gleich zu Anfang stecken geblieben bist, dann liegt die Ursache meist entweder im Tracken oder in Abweichungen bei der Ernährung oder im Training. Dann solltest du deine Kalorienaufnahme ganz bewusst unter die Lupe nehmen – besonders am Wochenende oder wenn du auswärts isst. Fang an, ein Ernährungstagebuch zu führen, sei gnadenlos ehrlich mit dir selbst: Wie gut hältst du dich an das, was du dir vorgenommen hast? Aber wenn du über einen längeren Zeitraum gute Fortschritte gemacht hast, die dann irgendwann ausbleiben, kann es gut sein, dass auch die Genetik eine Rolle spielt. Ja, es stimmt: Die Veranlagung macht sehr wohl einen Unterschied. Manchmal ist es tatsächlich nicht deine Schuld, wenn du ein Plateau beim Abnehmen erwischst. Es ist nur dann deine Schuld, wenn du es dabei belässt und nichts tust, was deine Fettverbrennung anregen kann. Je schlanker du wirst, desto eher schlägt dein Körper Hungeralarm. Das kann übrigens auch bei einem höheren Körperfettanteil passieren: nämlich dann, wenn du schon lange in einem Kaloriendefizit verharrt hast.

Dein Körper hält aus gutem Grund immer hartnäckiger an seinen Fettreserven fest, je schlanker du wirst. Denn biologisch gesehen ist ein extrem niedriger Körperfettanteil mit einem hohen Risiko verbunden – je mehr unsere Vorfahren zuzusetzen hatten, desto länger überlebten sie in Dürreperioden. Wenn du dich sehr lange in einem Kaloriendefizit befindest, lässt dein Körper deshalb nichts unversucht, um dich dazu zu bringen, ihm genug Kalorien zuzuführen. Hormone spielen dabei eine Schlüsselrolle. Sie steuern Appetit, Stoffwechsel und Bewegungsdrang. Leptin ist ein gutes Beispiel: Es ist ein Botenstoff, der dich vor dem Verhungern beschützt. Leptin wird in deinen Fettzellen gebildet und signalisiert deinem Gehirn, wie viel Energie sich noch in deinen Speichern befindet. Dein Leptinspiegel sinkt ab, wenn die Körperfett-Speicher zur Neige gehen (und weiter sinken) und wenn die Kalorienzufuhr niedrig ist (und weiter sinkt). Für dein Gehirn ist das ein Wink mit dem Zaunpfahl: „Achtung! Appetitmachende Hormone ausschütten! Schilddrüse, Stoffwechsel herunterfahren!"

Wenn es ums Überleben während einer Hungersnot geht, sind große Muskeln übrigens genauso kontraproduktiv wie wenig Körperfett. Muskeln verschlingen Kalorien geradezu. Das ist so, als würdest mit einen 12-Zylinder fahren, bei dem die Tankanzeige leuchtet – und die nächste Tankstelle ist noch Hunderte von Kilometern entfernt. Deswegen versucht dein Körper auch hier, dich zu beschützen. Je schlanker du bist, desto höher ist deshalb auch das Risiko eines Muskelabbaus. Muskeln sind nun einmal Treibstoffschlucker und dein Körper setzt im Notfall alles daran, um seinen Treibstoffbedarf zu senken.

Vergiss nie: Du bist der Kapitän! Und kannst jederzeit wieder durchstarten. Am besten durchbrichst du ein Abnehm-Plateau, indem du es von vornherein vermeidest. Da du ja jetzt weißt, wie dein Körper ein Kaloriendefizit interpretiert, denkst du vielleicht: „Du hast gut reden. Und wie stelle ich das an?"

Die wichtigste Empfehlung: Verzichte auf extreme Diäten.

Allein das erhöht deine Chancen dramatisch, kontinuierlich und ohne Stillstand Fett abzubauen. Wenn eine Diät eine Gewichtsabnahme von mehreren Kilo pro Woche verspricht, darfst du mit Fug und Recht skeptisch werden. Bei einem extremen Kaloriendefizit sind Plateaus (mit anschließendem Jo-Jo-Effekt) nahezu unvermeidbar. Aber auch, wenn du vorsichtig bleibst und ein konservatives Defizit wählst, kann es sein, dass du früher oder später auf der Stelle trittst. Die gute Nachricht ist, dass du so gut wie jedes Plateau beim Abnehmen durchbrechen kannst, wenn du entspannt bleibst und mit System vorgehst.

Stell dir vor, du bist Pilot und sitzt im Cockpit einer Boeing 747. Bisher nichts Dramatisches, du hast schon gut Strecke zurückgelegt. Plötzlich beschleicht dich ein sonderbares Gefühl. „Eigentlich müsste der Zielflughafen doch schon längst am Horizont aufgetaucht sein", denkst du. Aber du siehst ihn nicht. Was tut jeder erfahrene Pilot in solch einer Situation? Klar, er behält erst mal einen kühlen Kopf. Er weiß, dass es eine Lösung gibt, wenn er sich an die Checkliste hält.

Wahrscheinlich hast du dir schon gedacht, dass es sich bei dem Flugzeug um deinen Körper handelt und der Zielflughafen „Looking Good Naked" heißt. Wenn du ein Fettabbau-Plateau erwischt hast, gehst du genauso vor wie der Pilot. Es ist wirklich so simpel.

Stell sicher, dass du auf Kurs bist

Wenn du merkst, dass dein Fettabbau ins Stocken oder ganz zum Erliegen gekommen ist, solltest du als Erstes immer auf Nummer sicher gehen und prüfen, ob du noch auf Kurs bist. Wie gut hast du dein Trainings- und Ernährungsprogramm in den letzten sieben Tagen befolgt? Um festzustellen, ob du wirklich auf Kurs bist, solltest du deine Ernährung spätestens dann wieder tracken, wenn die Fortschritte ausbleiben. Es ist eine gute Idee, wenn du so viele Feedback-Tools verwendest wie möglich – so lange, bis du wieder

Fortschritte machst. Gut geeignete Tools sind ein Ernährungstagebuch, um deine Kalorienaufnahme zu erfassen, die Waage und der Caliper zur Messung des Körperbaus (siehe ab Seite 114), eine Küchenwaage, um Portionsgrößen richtig einzuschätzen und ein Trainings-Logbuch, um Aktivität und Trainingsfortschritte im Auge zu behalten.

Vielleicht fragst du dich, ob du wirklich jede Portion abwiegen musst. Nein: Es ist völlig okay, wenn du die Portionsgrößen nach Augenmaß abschätzt – jedenfalls so lange, wie du Fortschritte machst. Falls du auf der Stelle trittst, darfst du etwas genauer hinschauen und die Portionen abwiegen.

Korrigiere, wenn nötig, deinen Kurs

Du hast in den letzten 14 Tagen dein Programm konsequent verfolgt und dennoch tut sich nichts? Dann kannst du davon ausgehen, dass sich dein Kaloriendefizit durch Anpassung deines Stoffwechsels in Wohlgefallen aufgelöst hat (siehe Seite 114). Die Lösung ist simpel: Du darfst wieder ein Kaloriendefizit herstellen. Das kannst du auf mehrere Arten erreichen: Du kannst dein Kardio-Trainingspensum oder die Intensität deines Kardiotrainings erhöhen, deine Kalorienaufnahme verringern oder ein wenig von beidem tun. Wenn du die Fettverbrennung anregen willst, indem du deine Kalorienaufnahme verringerst, solltest du ganz gezielt vorgehen. Du musst also nicht unbedingt weniger essen, sondern deine Ernährung qualitativ anpassen. Am einfachsten ist das, wenn du zuerst diejenigen Kohlenhydrate reduzierst, die die höchste Kaloriendichte liefern. Und zwar so:

1. Falls du noch zuckerhaltige hochverarbeitete Kohlenhydrate (etwa Softdrinks oder Süßigkeiten) verzehrst, solltest du sie weglassen.
2. Dann kannst du anfangen, Getreide und stärkehaltige, leicht verfügbare Kohlenhydrate zu reduzieren (Brot, Pasta, Frühstücksflocken …)
3. Wenn du die ersten beiden Punkte ausgereizt hast, kannst du auch die tägliche Menge an stärkehaltigen Nahrungsmitteln wie Reis, Kartoffeln und Getreide herunterfahren.

Die Menge an Proteinen, Gemüse oder essenziellen Fetten solltest du aber beibehalten – also Gemüse, Omega-3-Fett aus Seefisch und (magere) eiweißhaltige Lebensmittel.

Halte den neuen Kurs

Sobald du dich entschieden hast, welche Veränderungen du vornehmen willst, bleibst du dran. Halte für 7 Tage an diesem neuen Kurs fest. Dann misst du deine Ergebnisse. Wenn deine Korrekturen Früchte tragen, behältst du diesen Kurs bei.

Wenn nicht, darfst du so lange nachjustieren, wie es für dich praktikabel ist. Das heißt, solange du Raum für mehr Bewegung oder eine Reduktion der Kalorienzufuhr siehst, ohne ins Extreme abzudriften – go for it. Nur, wenn du damit nicht mehr weiterkommst, hast du dir eine strategische Pause verdient.

Lege einen Zwischenstopp ein

Gönn dir eine strategische Pause. Klingt erst einmal unlogisch, ich weiß. Die Idee der strategischen Auszeit ist folgende: Sieben Tage lang isst du so viele Kalorien, wie dein Körper benötigt. Also nicht eine Woche „Schnitzel-Pommes-All-you-can-eat", sondern du gibst das Kaloriendefizit für eine Woche auf und erfüllst deinen Kalorienbedarf. Wenn du dich bereits für drei bis vier Monate oder mehr in einem Kaloriendefizit bewegt hast, ist oft der Zeitpunkt für eine solche Pause gekommen.

Vielleicht stellst du fest, dass die Waage innerhalb dieser sieben Tage rasch ein paar Kilos mehr anzeigt. Das ist kein Grund zur Panik! Die Gewichtszunahme hängt damit zusammen, dass deine Muskeln nun zusätzliches Glykogen einlagern. Du kannst also entspannt bleiben: Wenn du deinen Kalorienbedarf nicht überschreitest, wirst du auch kein Fett ansetzen. Durch die erhöhte Kalorienzufuhr deaktivierst du den Hungeralarm. Das ist nicht nur eine Art „Reset" für deine Fettverbrennungs- und Hungerhormone, du stimulierst auch deinen Stoffwechsel. Außerdem wird die Pause auch deiner Psyche guttun. Wenn du dann eine Woche später wieder durchstartest, fühlst du den Rückenwind in jeder Hinsicht. Auf einmal reagiert dein Körper wieder wie zu Beginn deines Fettabbau-Programms.

Sobald du auf einem Plateau festhängst, probiere die beschriebenen vier Schritte aus. Wenn du den Fokus auf deine Ergebnisse legst, wenn du die Verantwortung für deine Ergebnisse übernimmst, wenn du auf Basis deiner Ergebnisse Korrekturen vornimmst – dann wirst du deine Fettverbrennung anregen. Dann kannst du jedes Plateau beim Abnehmen durchbrechen. Dann wirst du auch dauerhaft nackt gut aussehen, deinen Traumkörper formen und beibehalten!

Sei stolz auf dich.

NACHWORT

Zum Abschluss möchte ich dir einige Gedanken mit auf den Weg geben:

Wie erfolgreich du bist, hängt nun von dir ab.

Das Schöne daran, wenn du deinen eigenen Körper verändern willst, ist: Du selbst hast die totale Kontrolle darüber, wie viel du erreichst. Wenn du dich gehen lässt, wirst du das an mangelnden Fortschritten merken. Und wenn du kontinuierlich dranbleibst, kannst du Dinge erreichen, die du nie für möglich gehalten hättest. Du hast bereits alle Ressourcen in dir, um deinen Körper so zu verändern, wie du es gern willst.

Ergebnisse gibt es nicht über Nacht.

Mit dem richtigen Training, der richtigen Ernährung und einer Begeisterung für dein Ziel, die dich morgens aus dem Bett springen lässt, wirst du jeden Tag ein kleines Stück näher an dein Ziel kommen. Es wird auch dann eine Zeit lang dauern. Auch wenn die Hersteller von Nahrungsergänzungsmitteln andere Dinge suggerieren: Es gibt keine magische Pille, die dich über Nacht schlank und fit werden lässt. Gib dir selbst die Gelegenheit, erfolgreich zu sein, indem du dich in Geduld übst. Schließlich bist du ein Dranbleiber!

Hab keine Scheu, dir Unterstützung zu suchen.

Es gibt absolut keinen Grund dafür, nicht nach Hilfe zu fragen, wenn du sie brauchst. Viele Menschen – mich eingeschlossen – freuen sich, anderen zu helfen. Frage nach – und du wirst positive Überraschungen erleben …

Wirst du die vielen Chancen, die du hast, wirklich nutzen? Ich würde sagen, du hast schon damit angefangen. Ich wünsche dir auf deinem Weg viel Erfolg und viel Spaß. Wenn du weiterhin mit mir in Kontakt bleiben willst, kannst du mich auf marathonfitness.de, Facebook oder Twitter finden.

Sportliche Grüße,

Dein Mark

IHR SEID ABSOLUTE GIGANTEN. DANKE!

Zuerst möchte ich allen langjährigen Lesern, Klienten und Dranbleibern danken, deren Fragen und Feedback dieses Buch erst möglich gemacht haben. Meinem Vater, Rainer Schmidt, danke ich für die unendlich vielen Stunden als Sparringspartner, Ratgeber und Lektor: Ich kann dir nicht genug danken für deine Weisheit, Unterstützung und bedingungslose Freundschaft. Wiebke Lüth und Marc A. Pletzer, ihr habt mich als Mentoren auf dem Weg in die Selbstständigkeit begleitet und auf die Idee zu diesem Buch gebracht. Wiebke und Marc, ihr inspiriert viele Menschen dazu, die eigenen Träume nicht einfach als Hirngespinste beiseitezuschieben, sondern etwas dafür zu tun, dass sie wahr werden.

Dieses Buch wäre nicht erschienen ohne Gela Brüggemann. Gela, du bist die Prinzessin aller Buchagentinnen. Vielen Dank, dass du bei langen Spaziergängen erst mich und dann den Verlag überzeugt hast, dieses Buch zu realisieren, und mich von der ersten Idee bis zum fertigen Manuskript mit deiner Erfahrung und deinem Feedback begleitet hast. Ich hätte mir auf diesem Weg keine bessere Partnerin vorstellen können. An Isabella Kortz, die mir in der „heißen Phase" mit Rat und Tat zur Seite stand, um das Manuskript pünktlich und vollständig einzureichen: Vielen Dank für deinen Humor zur rechten Zeit und deine Rückendeckung. An Ina Raki: Dein behutsames Lektorat und dein unerschütterlicher Optimismus haben den Feinschliff am Text zu einem wahren Vergnügen gemacht. Vielen Dank für deine Geduld und Unterstützung. An Esther Szolnoki, Ann-Kathrin Kunz, Sabine Kestler und den Rest des Teams von Random House für die Organisation, Zuverlässigkeit und auch für die künstlerische Freiheit, die ihr mir gelassen habt. Ihr seid die Rockstars im Verlagswesen. An Marco Grundt, Claudia Wegener-Bracht, Victoria Kasprzak und Robert Schlossnickel für einmalige Fotos und die Erkenntnis, dass zwei harte Tage am Set echt Spaß machen können. Dieses Buch wäre nicht entstanden ohne die großartige Unterstützung meiner Familie, meiner Freunde, Wegbegleiter und Partner. Tausend Dank an Jessika Saggau, Maren Rabeler, Bernd Geropp, Moni Homann, Robert Tofan, Heike Schwenn, Berend Breitenstein, Marco Krahl, Peter Eich, Kai Heyler, Niels Schulz-Ruhtenberg, Katrin Schäfer, Daniel Roth und alle anderen, die mir direkt oder indirekt Rückenwind gaben. Es tut gut, euch an meiner Seite zu haben. Ich widme dieses Buch meinen Eltern, Renate und Rainer Schmidt, die mich leiteten, inspirierten, liebten, trösteten, unterstützten und ermunterten, meinen eigenen Weg zu gehen. Ich liebe euch und verdanke euch alles!

EXTRA: TOOLS UND RESSOURCEN ONLINE

Auf **www.lgnbuch.de**, der Looking-Good-Naked-Website zum Buch, findest du alle kostenlosen Tools, Arbeitsblätter und Downloads, die ich exklusiv für die Leserinnen und Leser dieses Buchs erstellt habe. Außerdem habe ich dort auch einige Inhalte für dich zusammengestellt, die es aus Platzgründen nicht mehr ins Buch geschafft haben. Unter anderem findest du dort:

- den Kalorienrechner
- den Rechner, mit dem du deinen Körperfettanteil bestimmen kannst
- alle Trainingspläne zum praktischen Download fürs Workout
- weitere ausführliche Beispiele für Trainingspläne im Onboarding-Monat und für die weiteren Module
- umfassende Tutorials für die wichtigsten Kraftübungen
- eine Liste mit Hunderten von Looking-Good-Naked-Lebensmitteln, die dir gesunde Eiweiße, Fette und Kohlenhydrate liefern. Hier findest du Tipps, welche Lebensmittel du in deinen Ernährungsplan einwechseln kannst, wenn du andere „Spieler" vom Feld genommen hast.
- den ultimativen Supplement-Guide
- die beste Ausrüstung für deine Fitness-Küche
- einige weitere Rezepte
- und vieles mehr

Werde Dranbleiber und abonniere den kostenlosen MarathonFitness.de-Newsletter: http://www.dranbleiber.com

Auf dem Blog MarathonFitness.de findest du Artikel, Podcasts und weitere Ressourcen, die dir helfen, nackt gut auszusehen: https://www.marathonfitness.de

QUELLENVERZEICHNIS

[1] Techniker Krankenkasse: „Iss was, Deutschland?"; TK-Studie zum Ernährungsverhalten der Menschen in Deutschland, 02/2013, S. 35

[2] Charles A. Garfield/Hal Zina Bennett: Peak Performance: Mental Training Techniques of the World's Greatest Athletes. Warner Books (1989)

[3] Maxwell Maltz: Erfolg kommt nicht von ungefähr: Psychokybernetik. Econ Verlag München (1990)

[4] Reto Venzl: Mentale Stärke aufbauen – ein Einblick in die sportpsychologische Praxisarbeit im Leistungssport. In: Schweizerische Zeitschrift für Sportmedizin und Sporttraumatologie, 1995, Heft 2; 57 f.

[5] Techniker Krankenkasse: „Iss was, Deutschland?" TK-Studie zum Ernährungsverhalten der Menschen in Deutschland, 02/2013, S. 10

[6] Hierzu gibt es unter anderem die folgenden Studien:

Hooper L, et al. Reduction in saturated fat intake for cardiovascular disease. Cochrane Database Systematic Review, 2015; De Souza RJ, et al. Intake of saturated and trans unsaturated fatty acids and risk of all cause mortality, cardiovascular disease, and type 2 diabetes: systematic review and meta-analysis of observational studies. BMJ, 2015; Siri-Tarino PW, et al. Meta-analysis of prospective cohort studies evaluating the association of saturated fat with cardiovascular disease. American Journal of Clinical Nutrition, 2010; Chowdhury R, et al. Association of dietary, circulating, and supplement fatty acids with coronary risk: a systematic review and meta-analysis. Annals of Internal Medicine Journal, 2014; Schwab U, et al. Effect of the amount and type of dietary fat on risk factors for cardiovascular diseases, and risk of developing type 2 diabetes, cardiovascular diseases, and cancer: a systematic review. Food and Nutrition Research, 2014.

[7] Pfeuffer M, Jahreis G (2018) Trans fatty acids. Origin, metabolism, health risks. Ernährungs Umschau 65(12): 196–203

REGISTER

Alkohol 67
Ausdauertraining 162 ff.
Caliper 115, 185
Dranbleiben 15 ff., 176 ff.
Eiweiß 53 ff.
Emotionales Essen 42 ff.
Energieräuber 40
Ernährung 12, 52 ff.
Ernährungstagebuch 52 f., 111
Feedbacksystem 26 f., 111 ff.
Fett 57 ff.
Fotos 116
Frühstücksrezepte 68 ff.
Gedanken, positive und negative 22 ff.
Gewichtskontrolle 114 f.
Grundübung 110 f.
Hauptgerichte 88 ff.
High Intensity Steady State (HISS) 171
Hochintensives Intervall-Training (HIIT) 163
Isolationsübung 110 f.
Kalorien 64 ff.
Kalorienbedarf 64 f., 111 ff.
Kardiotraining 13 f., 161 ff.
Kohlenhydrate 60 ff.
Körperfettmessung 115 f.
Krafttraining 12, 104 ff.
M.A.R.K.-Formel 14 ff.
Mentaltraining 11, 20 ff.
Motivation 24 ff., 33
Plateau 178 ff.
Proteinquellen 55 f.
Rezepte 68 ff.
Sieben-Schritte-Methode 24 ff.
Skripte, unsichtbare 22 ff., 43 ff.
Smoothies 85 ff.
Snacks 81 ff.
Sozialleben 38 ff.
Stillstand 178 ff.
Tracking (Körperwerte) 114 f.
Trainingspläne (Kardiotraining) 172 f.
Trainingspläne (Krafttraining) 123 ff.
Trainingsprinzipien (Krafttraining) 105 ff.
Trigger 45
Trinken 65 ff.
Übungen 128 ff.
Visualisierung 37 f.
Visualisierungsübung 38
Ziele 23, 28 ff.

EXTRA: ÜBUNGSREGISTER

Ab-Rollout 159
Ausfallschritt nach hinten mit Kurzhanteln 132
Bankdrücken mit Kurzhanteln 142
Beinheben liegend 157
Bizeps Curl im Stehen mit Kurzhanteln 150
Einarmiges Rudern mit Kurzhanteln 138
Enges Bankdrücken mit Langhantel 155
French Curl mit Kurzhanteln 152
Hammer-Curl im Stehen mit Kurzhanteln 151
Hip-Thrust mit Langhantel 133
Klimmzug 139
Klimmzug mit Widerstandsband 140
Kniebeuge mit Kurzhanteln 130
Kniebeuge mit Langhantel 129
Kreuzheben mit Kurzhanteln 136
Kreuzheben mit Langhantel 135
Liegestütze 143
Liegestütze kniend 144
Liegestütze mit erhöhtem Oberkörper 145
Planke 156
Renegade Row 158
Reverse Flye mit Kurzhanteln 148
Rudern mit Langhantel 137
Seitheben mit Kurzhanteln 149
Seitlicher Ausfallschritt mit Kurzhanteln 134
Stehendes Schulterdrücken mit Kurzhanteln 147
Stehendes Schulterdrücken mit Langhantel 146
Sumo-Kniebeuge mit Kurzhanteln 131
Trizeps-Dip 153
Trizeps-Dip mit erhöhten Füßen 154
Überzug mit Kurzhantel 141

IMPRESSUM

4. Auflage 2019

© 2016 by Südwest Verlag, einem Unternehmen der Verlagsgruppe Random House GmbH, Neumarkter Straße 28, 81673 München

Alle Rechte vorbehalten. Vollständige oder auszugsweise Reproduktion, gleich welcher Form (Fotokopie, Mikrofilm, elektronische Datenverarbeitung oder durch andere Verfahren), Vervielfältigung, Weitergabe von Vervielfältigungen nur mit schriftlicher Genehmigung des Verlags.

Hinweis: Das vorliegende Buch ist sorgfältig erarbeitet worden. Dennoch erfolgen alle Angaben ohne Gewähr. Weder Autor noch Verlag können für eventuelle Nachteile oder Schäden, die aus den im Buch gegebenen Hinweisen resultieren, eine Haftung übernehmen.

Sollte diese Publikation Links auf Webseiten Dritter enthalten, so übernehmen wir für deren Inhalte keine Haftung, da wir uns diese nicht zu eigen machen, sondern lediglich auf deren Stand zum Zeitpunkt der Erstveröffentlichung verweisen.

Bildredaktion und Leitung der Fotoproduktion: Sabine Kestler und Esther Szolnoki
Fotografie: Marco Grundt
Haare/Make up: Claudia Wegener-Bracht
Styling: Julia Neubauer, Inka de Buhr
Model: Victoria Kasprazak
Illustrationen/Zeichnungen Seite 181: Mark Maslow
Shutterstock: 68 (los angela); 78 (Elena Veselova), 83 (Kamila i Wojtek Cyganek), 92 (Stepanek Photography), 100 (Magdalena Paluchowska); **Südwest Verlag Archiv:** 71, 97 (Klaus Arras), 87 (Maike Jessen), 89 (Coco Lang)
Wir danken für die freundliche Unterstützung der Fotoproduktion:
Life Fitness Europe GmbH (www.lifefitness.com)
Redaktionsleitung: Silke Kirsch
Projektleitung: Esther Szolnoki, Ann-Kathrin Kunz
Lektorat: Ina Raki
Layout und Satz: Katja Muggli, www.katjamuggli.de
Umschlaggestaltung: zeichenpool, München
Bildredaktion: Sabine Kestler
Reproduktion: Mohn Media Mohndruck GmbH, Gütersloh
Druck und Bindung: DZS Grafik, Ljubljana
Printed in Slovenia

Verlagsgruppe Random House FSC® N001967
ISBN 978-3-517-09467-0

www.suedwest-verlag.de